高等学校学前教育专业立体化精品教材

U0683409

幼儿园手工制作

主 编 何 柳 赵春霖

副主编 郭志磊 刘晨晨 姜 硕

参 编 蔡艳琼 王娅茜 梁 旭 李玥洋 张 翻

电子工业出版社·

Publishing House of Electronics Industry

北京·BEIJING

内 容 简 介

本书围绕幼儿园手工制作展开讲述，循序渐进地讲解了不同类型幼儿园手工制作的基本方法和具体的实施技巧。全书分为 6 个项目，分别是手工制作概述、纸艺手工、布艺手工、立体手工、自然材料手工和废旧材料手工。

本书可以作为高等学校学前教育专业及其他相关专业的教材，也可以作为广大学前教育工作者和学前教育研究人员的学习参考用书。

图书在版编目（CIP）数据

幼儿园手工制作 / 何柳，赵春霖主编. -- 北京：电子工业出版社, 2024. 11. -- ISBN 978-7-121-49028-6

Ⅰ. G613.6

中国国家版本馆 CIP 数据核字第 2024BP7340 号

责任编辑：李书乐
印　　刷：河北鑫兆源印刷有限公司
装　　订：河北鑫兆源印刷有限公司
出版发行：电子工业出版社
　　　　　北京市海淀区万寿路 173 信箱　邮编：100036
开　　本：787×1092　1/16　印张：8　字数：200 千字
版　　次：2024 年 11 月第 1 版
印　　次：2024 年 11 月第 1 次印刷
定　　价：44.00 元

凡所购买电子工业出版社图书有缺损问题，请向购买书店调换。若书店售缺，请与本社发行部联系，联系及邮购电话：(010) 88254888，88258888。

质量投诉请发邮件至 zlts@phei.com.cn，盗版侵权举报请发邮件至 dbqq@phei.com.cn。

本书咨询联系方式：(010) 88254571 或 lishl@phei.com.cn。

前　言

幼儿是一个国家的未来和希望，也是一个国家的财富。如何通过各种教育和引导，培养幼儿的能力，帮助他们树立正确的世界观、价值观和人生观，一直是我们教育工作者最大最难的课题。

本书通过大量的操作实例引导幼儿初步学习手工制作的基本规律，并学习大胆地运用这些基本规律创造性地塑造和制作多种平面和立体手工作品；引导幼儿体验手工制作的快乐，培养他们对手工制作的兴趣；引导幼儿初步学习多种手工工具和材料的基本使用方法，帮助形成良好的手工制作习惯。相比其他教材，本书具有以下鲜明特点。

1. 内容全面，逻辑严谨

全书共 6 个项目，分别讲述了手工制作概述、纸艺手工、布艺手工、立体手工、自然材料手工和废旧材料手工等内容。每个项目中又有多个任务，旨在帮助幼儿全方面地体验手工制作的乐趣。每个任务都是从简单的理论指导落脚到实际操作，最后总结升华。思路清晰，结构完整。

2. 案例丰富，情景逼真

本书的展开与讲述，不是死板的理论灌输，而是通过情景引导真实生活中的案例讲解，帮助幼儿理解手工制作的相关方法与技巧。

3. 聚焦能力培养，知识结构合理

本书从全面提升幼儿动手能力、创新思维、审美意识和团队精神的角度出发，采用理论与实践紧密结合的方法，将简要的理论介绍与实用的能力训练有机结合，帮助幼儿了解手工制作的基本方法，并能够在能力训练和游戏娱乐过程中逐步提升自己的实践能力，培养相关的素质。

4. 技能与思政教育紧密结合

在讲解幼儿园手工制作专业知识的同时，紧密结合思政教育主旋律，从专业知识角度触类旁通引导幼儿相关思政品质提升。

本书由何柳、赵春霖担任主编，由郭志磊、刘晨晨、姜硕担任副主编，由蔡艳琼、王娅茜、梁旭、李玥洋、张翻参编。由于编者水平有限，难免有不足之处，欢迎广大读者批评指正。

编　者

2024.5

目　　录

项目一　手工制作概述

知识目标

1. 了解手工制作的相关概念、分类、作用及制作技法等相关知识。

2. 深刻认识手工制作对幼儿身心发展的重要意义，树立正确的手工制作观念。

3. 充分理解手工制作与各学前教育课程之间的关系。

技能目标

1. 让幼儿了解和学习各种材料的性能，并掌握不同材料的造型规律和制作工艺。

2. 使幼儿在各种材料的平面、半立体和立体造型的实践过程中获得丰富经验，提高审美能力和创作想象力。

3. 培养幼儿的动手能力、综合运用材料的能力、空间思维能力。

素质目标

1. 注重幼儿人文知识的培养，将我国民间传统艺术与现代材料工艺制作融为一体，彰显艺术传承特色和现代审美趣味，开阔幼儿的审美视野。

2. 提高幼儿的审美素养、发掘幼儿的想象力和创造力。

任务一 认识手工

一、手工的概念

手工制作原本是个动词短语，但已经逐渐被当作名词使用，意指一些自己动手的趣味性小项目或手工加工项目，如图 1-1 所示是一个手工作品。手工制作的兴起源于人们对儿时的怀念和对美好生活的向往，随着人们文化生活水平的不断提升和对精神文化生活追求的提高，手工制作及与其相关的周边产业日益繁荣，越来越多的人开始思考如何让手工制作融入生活。

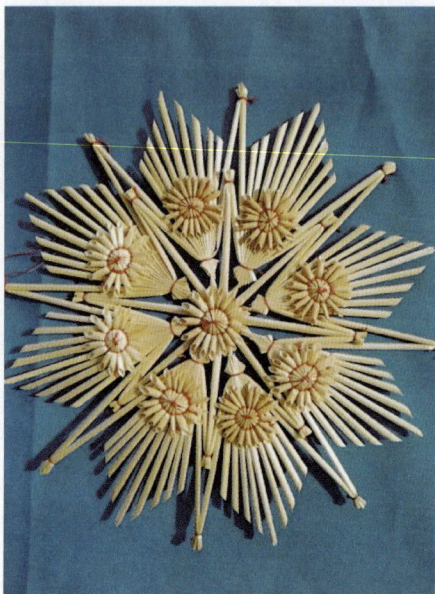

图 1-1　手工作品

二、手工的起源与发展

1. 起源

手工技艺的起源可以追溯到人类文明的初期。在远古时代，人类为了满足生存需求，开始使用简单的工具制造石器、木器、陶器等，如图 1-2 所示的新石器时代的陶器和图 1-3 所示的唐三彩都是早期手工技艺的体现。随着时间的推移，手工技艺逐渐发展，不仅满足了人们的日常生活需要，也成为了表达文化、信仰的重要手段。

2. 发展

手工技艺的传承是手工技艺得以延续的关键。在古代，手工技艺通常是通过家族、师徒或社群等方式进行传承的。这些传承方式确保了手工技艺的延续，并使得手工艺者能够在实践中不断积累经验和技巧，提高技艺水平。随着科技的发展，手工技艺也经历了技术与工具的革新。新的材料和工具的出现，为手工艺者提供了更多的创作可能性和更高效的制作方式。如金属冶炼技术的发展使得金属工艺品的制作成为可能，电力和机械加工技术的引入则大大提高了生产效率，如图 1-4 所示是用车床加工的陀螺。

图 1-2　新石器时代的陶器

图 1-3　唐三彩

图 1-4　用车床加工的陀螺

三、传承手工技艺的意义

手工技艺作为人类非物质文化遗产的重要组成部分，其传承是至关重要的。通过一代又一代手工艺者的努力，手工技艺得以延续并不断发展。这种传承不仅是对前人智慧的继承，更是对未来文化多样性的贡献。

1. 文化延续

手工技艺往往承载着丰富的文化内涵，是特定地域、民族或社群文化的体现，如红山玉器是中国新石器时代红山文化遗址中发现的玉器，主要产自辽宁省北票市北塔乡后梅林皋村，其所在位置为红山文化中心地带（见图 1-5）。通过传承手工技艺，我们可以更好地了解地方文化，促进文化的多样性和繁荣。

2. 创新发展

手工技艺的传承并不意味着墨守成规。相反，它需要在保持传统的基础上不断创新和发展。手工艺者通过探索新的材料、技术和设计理念，将传统技艺与现代审美相结合，创造出具有独特魅力和时代价值的手工艺品，如图1-6所示是融入现代文化气息的景泰蓝。

3. 情感连接

手工艺品往往蕴含着手工艺者的心血和情感，因此它们具有很强的情感连接性。人们通过欣赏和购买手工艺品，不仅可以满足物质需求，还可以与手工艺者建立情感联系，感受到他们的热情和匠心。

4. 身心健康

手工活动对于身心健康也有积极的促进作用。在制作手工艺品的过程中，人们需要集中注意力，进行细致的操作，这不仅可以锻炼手部协调能力，还有助于放松心情、缓解压力。

5. 历史见证

许多手工技艺和历史事件、文化传统紧密相连，因此它们具有重要的历史见证价值。通过这些历史遗产，我们可以更好地了解历史、传承文化。如图1-7所示是兵马俑，记载了秦朝时期的军事装备、战争形态、政治、经济和文化状况等，为研究我国古代历史提供了重要的实物资料。

| 图1-5　红山玉器 | 图1-6　融入现代文化气息的景泰蓝 | 图1-7　兵马俑 |

6. 社会价值

手工技艺作为一种传统生产方式，对于促进就业、推动地方经济发展等方面具有积极的社会价值。同时，手工艺品的独特性和个性化也符合现代社会的消费趋势，为手工艺者提供了更多的市场机会。

任务二　认识幼儿园手工

一、幼儿园手工的学科特点

幼儿园手工是幼儿教育中不可或缺的一部分，它以直观性、操作性和创造性为主要特点，有助于培养幼儿的动手能力、创新思维和审美能力。幼儿园手工的学科特点主要包括以下几个方面。

1. 直观性

手工活动使幼儿能够直接接触和操作材料，通过视觉、触觉等多种感官体验，增强对事物的认知和理解。

2. 操作性

幼儿通过亲手制作，锻炼手部精细动作，提高协调性和灵活性，同时培养耐心和专注力。

3. 创造性

手工活动鼓励幼儿发挥想象力，创作出具有个性的作品，有助于培养幼儿的创新精神和审美情趣。

二、幼儿园手工的分类

幼儿园手工可以根据材料、制作方法和表现形式进行分类，主要包括以下几类。

1. 纸艺手工

利用纸张进行折叠、剪裁、粘贴等，制作出各种立体或平面的作品，如纸飞机、纸花等。这类手工操作简单，材料易得，适合幼儿进行操作（见图1-8）。

2. 布艺手工

通过缝制、拼接各种布料可以制作出生动可爱的布艺作品，布艺手工可以锻炼幼儿的针线技巧和手眼协调能力（见图1-9）。

图1-8　纸艺手工

图1-9　布艺手工

3. 泥塑手工

利用黏土、陶泥等可以捏制出各种动物或人物的形象。黏土和陶泥具有塑形性，能够激发幼儿的创造力和想象力（见图1-10）。

4. 自然材料手工

自然材料手工是指利用自然材料，如树叶、松果、贝壳、干花等进行创作，如制作树叶贴画、松果小动物等。这类手工活动能够让幼儿接触自然，感受大自然的美丽和神奇（见图1-11）。

图 1-10 泥塑手工

图 1-11 自然材料手工

5. 废旧材料手工

废旧材料手工是指利用生活中的废旧材料进行创造再利用，将其制作成一些美观或可以使用的手工艺品（见图1-12）。为了进一步提高幼儿保护地球环境的意识，我们积极倡导"低碳理念"，鼓励幼儿与家长一起利用生活中的废旧材料制作出各种新颖、美观的作品，发挥家长的主动性、参与性，增进家长和幼儿之间的融融亲情。

图 1-12 废旧材料手工

任务三　手工与幼儿园环境创设及玩教具制作

一、手工与幼儿园环境创设

1. 环境创设理念

幼儿园环境创设应秉承"以儿童为中心"的理念，营造一个温馨、舒适、富有教育意义的成长空间。通过手工活动与环境创设相结合，不仅能够美化环境，还能激发幼儿的创造力和想象力，促进幼儿的全面发展（见图 1-13 和图 1-14）。

图 1-13 幼儿园展览室

图 1-14 幼儿园楼道

2. 手工基础技能

在幼儿园环境创设中，手工基础技能是不可或缺的，包括剪纸、粘贴、绘画、塑形等基本技巧，教师需要掌握这些技能，并能够引导幼儿进行实践操作，培养幼儿的动手能力。如图 1-15 所示是幼儿手工作品展览室，如图 1-16 所示是幼儿手工作品。

图 1-15 幼儿手工作品展览室

图 1-16 幼儿手工作品

3. 墙面装饰设计

墙面是幼儿园环境创设的重要组成部分，通过墙面装饰可以营造出不同的主题氛围。教师可以运用手工技巧，结合幼儿的创意，制作各种墙面装饰，如壁画、挂饰等，使墙面变得生动有趣（见图 1-17 和图 1-18）。

4. 角落主题区

角落主题区是幼儿园环境创设中的一个亮点，可以设置阅读角、科学角、艺术角等不同主题的区域。在这些区域中，教师可以通过手工制作各种道具和玩教具，为幼儿提供一个富有探索性和趣味性的学习环境（见图 1-19 和图 1-20）。

图 1-17　幼儿园墙面布置 1

图 1-18　幼儿园墙面布置 2

图 1-19　角落主题区 1

图 1-20　角落主题区 2

二、手工与玩教具制作

1. 创意玩教具制作

玩教具制作是幼儿园手工活动的重要内容之一。教师可以利用废旧材料、自然材料等制作各种玩教具，如拼图、积木、玩偶等。这些玩教具不仅具有趣味性，还能够激发幼儿的创造力和想象力。（见图 1-21）

图 1-21　创意玩教具

2. 资源回收与利用

为了培养幼儿的环保意识和节约意识，教师应注重资源回收与利用。在制作玩教具和进行环境创设时，可以运用废旧材料、自然材料等，让幼儿了解资源的循环利用和环保的重要性。

3. 设计与制作流程

玩教具的设计与制作需要经过精心的规划。教师应根据幼儿的年龄特点和兴趣爱好进行设计，并遵循制作流程，确保玩教具的质量和安全性。

4. 玩教具的使用与维护

玩教具的使用与维护同样重要。教师应引导幼儿正确使用玩教具，并教育幼儿爱护玩教具、保持环境整洁。同时，教师还应定期对玩教具进行清洁和消毒，确保玩教具的卫生和安全。

5. 创意启发

创意启发是玩教具制作和环境创设的重要目标之一。教师可以通过设置开放式任务、提供多种材料等方式，激发幼儿的创造力和想象力，培养幼儿的创新意识。

6. 教育价值

玩教具不仅具有趣味性，更重要的是其教育价值。教师应充分挖掘玩教具的教育潜力，引导幼儿在玩中学、学中玩，促进幼儿的全面发展。

7. 安全与卫生要求

在制作玩教具和进行环境创设时，必须严格遵守安全与卫生要求。材料应无毒无害、易于清洁，结构应稳固、无锐角，确保幼儿在使用过程中的安全。

项目二　纸艺手工

知识目标

1. 了解纸艺手工的基本概念和原理，包括纸艺的种类、特点和发展历程等。
2. 学习纸艺手工的基本制作方法和技巧，如折纸、剪纸、粘贴等。
3. 认识不同纸张的材质和特性，了解纸张的选择和搭配原则。

技能目标

1. 培养幼儿的动手能力和创造力，通过纸艺手工活动，让幼儿能够独立完成简单的纸艺作品。

2. 提高幼儿的观察力和思维能力，通过纸艺手工活动，培养幼儿的耐心、细心和专注力。

3. 培养幼儿的审美能力和色彩搭配能力，通过纸艺手工活动，让幼儿能够欣赏和创造美丽的纸艺作品。

素质目标

1. 培养幼儿的环保意识和节约意识，通过纸艺手工活动，引导幼儿学会利用废旧纸张进行创作，减少浪费。

2. 培养幼儿的团队合作精神和分享意识，通过小组合作完成纸艺作品，让幼儿学会与他人合作、分享和交流。

3. 传承和弘扬中华优秀传统文化，通过纸艺手工活动，引导幼儿了解和学习传统纸艺文化，培养文化自信。

任务一　折纸

一、折纸概述

1. 折纸的定义与起源

折纸，顾名思义，是一种通过纸张折叠、塑形来创造三维艺术品的技艺。其历史可追溯到公元前的中国汉代，当时的纸鸢（见图 2-1）与纸马（见图 2-2）已展现出初步的折纸技艺。随着纸张的普及和制作技术的进步，折纸技艺逐渐在世界范围内传播并发展壮大。

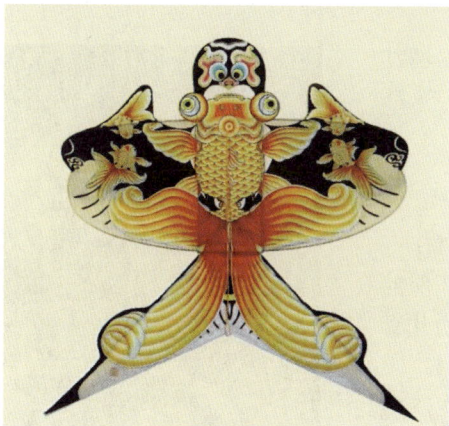

图 2-1　纸鸢

图 2-2　纸马

随着纸张的普及，折纸技艺不断演变和创新。最初折纸主要侧重于简单的几何形状，如正方形、三角形等。随着折纸技艺的不断提高，人们开始尝试折叠更为复杂的形状和图案。现代折纸作品在结构和设计上都达到了很高的水平，充满了艺术性和想象力。

2. 折纸的分类与流派

根据不同的标准和特点，折纸可分为多种类型。按照难度可分为初级折纸、中级折纸和高级折纸；按照风格可分为传统折纸和现代折纸；按照应用领域可分为装饰折纸、玩具折纸、实用折纸等。各种类型都有其独特的特点和魅力，为折纸艺术的发展提供了广阔的空间。如图 2-3 所示为传统的折纸作品。

3. 折纸的艺术价值

折纸艺术以其独特的魅力和表现力，成为了一种备受推崇的艺术形式。它不仅展示了纸张的无限可能性，更体现了人类对形式美和结构美的追求。许多折纸作品都具有极高的艺术价值和观赏性，成为艺术品收藏家们的珍视之物。如图 2-4 所示是折纸艺术品。

图 2-3　传统的折纸作品

4. 折纸的教育意义

折纸在提升动手能力、培养创新思维、提高空间感知等方面具有积极的意义。通过折纸

图 2-4   折纸艺术品

活动，幼儿可以在实践中学习科学原理和数学知识，提升想象力和创造力（见图 2-5），培养良好的审美能力和实践能力。

5. 折纸的应用领域

折纸的应用领域非常广泛，包括但不限于以下方面：

（1）玩具制作：折纸玩具以其轻便、易携带和环保的特点深受儿童喜爱。如纸飞机、纸船、纸鹤等都是幼儿喜爱的玩具。

（2）包装设计：折纸艺术在包装设计中也有广泛应用。通过巧妙的折叠和塑形，可以将普通纸张变身为精美的礼品包装。

（3）建筑模型：建筑设计师经常通过折纸制作建筑模型，以更好地展示设计理念和方案。

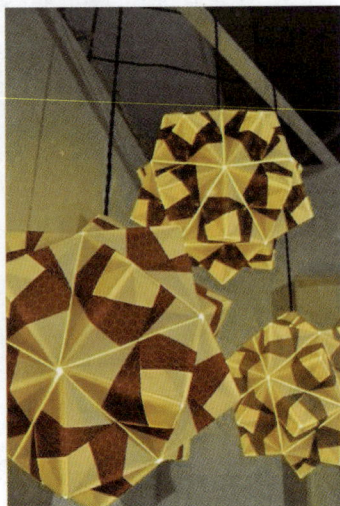

图 2-5   充满空间感的折纸作品

（4）装饰艺术：折纸作品可以作为室内装饰的一部分，为家居环境增添艺术气息。如纸花、纸灯笼等都是常见的装饰品。

6. 折纸的未来展望

随着科技的进步和人们审美观念的不断变化，折纸艺术在未来有着广阔的发展前景。

首先，新材料的发展为折纸艺术提供了更多的可能性，例如，使用柔性电子材料制作具有实际功能的折纸作品。

其次，折纸艺术与其他领域的结合将催生出更多的创新应用，如在航空航天、生物医学等领域的应用。

最后，随着人们对于环境保护和可持续发展的关注加深，环保材料的应用也将成为折纸艺术的一个重要方向。相信在不远的未来，折纸艺术将以更加丰富的形式和内容展现给世人。

二、折纸的基本符号

折纸是一种将纸张折叠成各种形状和结构的艺术。为了更准确地折纸，我们需要了解一些基本的折纸符号。这些符号提供了一种标准化的方式，帮助折纸者理解图纸。如图 2-6 所示是常见的折纸基本符号及其解释。

三、折纸的基本技法

折纸的基本技法包括对边折、对角折、三角折、四角折和向心折等，通过不同的组合，可以创造出多种多样的折纸作品。掌握折纸的基本技法是进一步学习折纸艺术的基础。折纸是一种源自东方的艺术，它将一张普通的纸张通过一系列精细的折叠技法，转化为各种立体形状和复杂的模型。

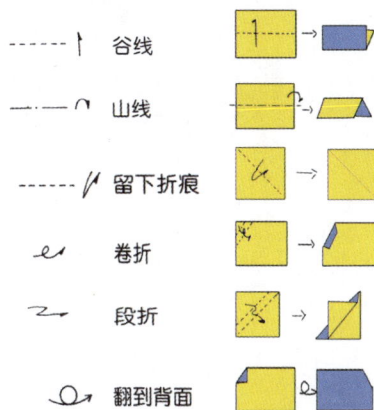

图 2-6　折纸基本符号及其解释

下面介绍一些基本的折纸技法。

（1）对边折：将纸张横向或纵向对折，使两边对齐（见图 2-7）。

（2）对角折：将纸张沿对角线对折，使两个对角顶点对齐（见图 2-8）。

图 2-7　对边折图示　　　　　　　　　图 2-8　对角折图示

（3）三角折：将纸张的两边折向中心点，形成一个三角形（见图 2-9）。

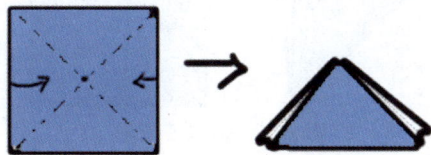

图 2-9　三角折图示

（4）四角折：将纸张的每个角都折向中心点，形成一个四边形（见图 2-10）。

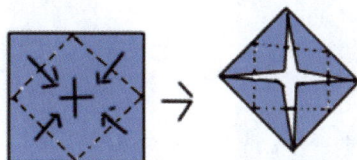

图 2-10　四角折图示

（5）向心折：将纸张的每个角都折向中心点，折两次，形成一个四边形（见图2-11）。

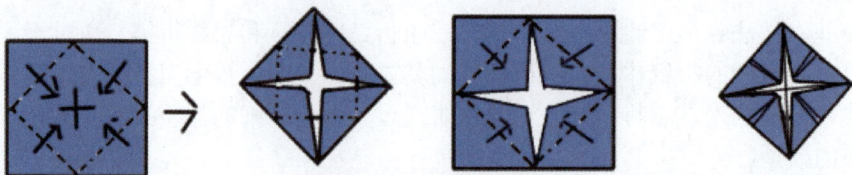

图 2-11　向心折图示

四、折纸的制作步骤

折纸的基本制作步骤如下所述。

1. 选择合适的纸张

折纸的第一步是选择合适的纸张。理想的折纸纸张应该具备轻薄、有一定强度、易折叠、不易撕裂等特点。

2. 制作基本形状

一些基本形状的制作方法如下所述。

（1）正方形：通过对边折和对角折，可以得到一个正方形（见图2-12）。

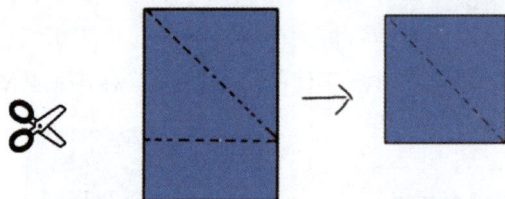

图 2-12　制作正方形

（2）三角形：通过对角折或三角折，可以得到一个三角形（见图2-13）。

图 2-13　制作三角形

（3）菱形：通过四角折，可以得到一个菱形（见图2-14）。

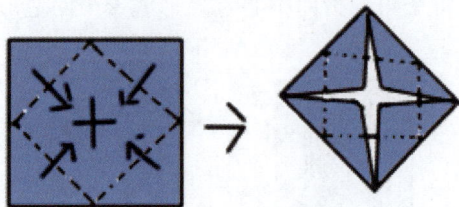

图 2-14　制作菱形

3. 细节修饰

制作完成的折纸模型可能需要进行一些细节修饰，以提高其美观度和逼真度。常见的细节修饰包括：

（1）使用彩笔或水彩为模型上色，增加色彩；

（2）使用胶水或双面胶固定模型的某些部分，使其更稳固；

（3）用剪刀或刻刀修剪多余的纸张，使模型更加精致。

4. 成品展示

折纸作品完成后，不妨将其展示出来，与亲朋好友分享创作成果，小朋友可以：

（1）将作品摆放在书桌上或挂在墙上作为装饰；

（2）给作品拍照并上传到社交媒体，与更多人分享自己的折纸作品；

（3）参加折纸比赛或展览，与其他折纸爱好者交流学习。

总之，折纸是一项富有创造性和趣味性的艺术活动。通过不断地学习和实践，我们将逐渐掌握折纸的基本技法及制作步骤，创作出更多精美绝伦的折纸作品。

五、动手做折纸

1. 小鱼

折纸小鱼的制作过程如图 2-15 所示。

示范视频

（a）准备一张正方形彩纸　（b）沿对角线对折　（c）反方向沿对角线再对折一次

（d）用三角折折出小鱼身体　（e）将背面两边对折重合　（f）展开做出小鱼的尾巴

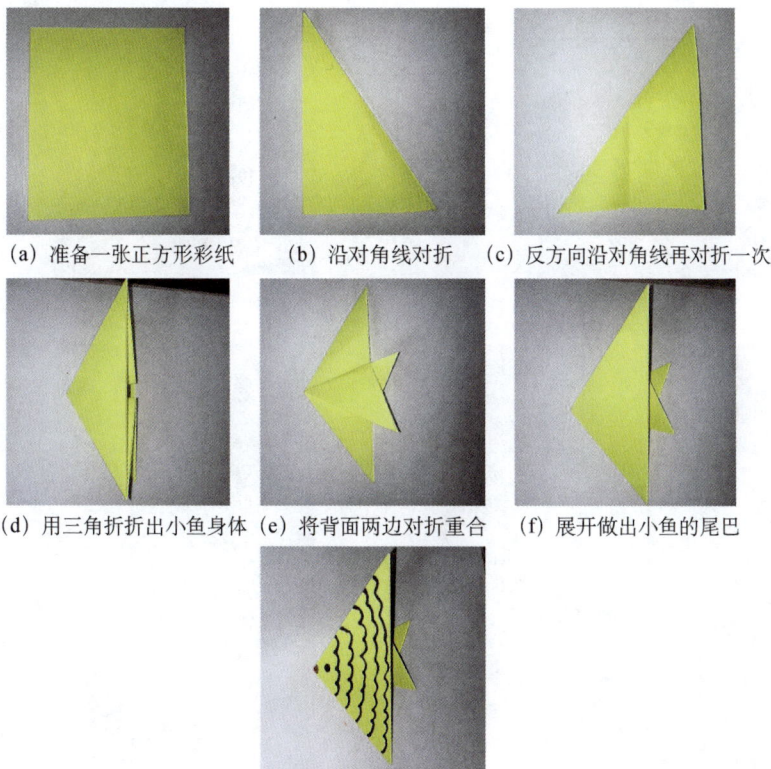

（g）用彩笔画出花纹，小鱼折纸做好啦

图 2-15　折纸小鱼的制作过程

2. 小青蛙

折纸小青蛙的制作过程如图 2-16 所示。

示范视频

(a) 准备一张正方形彩纸

(b) 沿对边对折

(c) 将两边的角朝中线折叠

(d) 下面的边朝上翻折,做出青蛙的手

(e) 反过来,把另外一边的角向下叠,做出小青蛙的脚

(f) 画上眼睛,小青蛙就做好了

图 2-16　折纸小青蛙的制作过程

六、折纸作品欣赏

如图 2-17 所示为一些常见的折纸作品。

图 2-17　折纸作品欣赏

七、手工文化讲堂

一张纸折出大千世界——折纸天才秦坤

秦坤（见图 2-18）被称为折纸天才，他用纸折出的一只螳螂卖了 21 万元，他拿出五个折纸作品去展览获得报酬 36 万元，他用一张纸可以折出任何想要的东西，折纸 17 年，他将折纸作为自己的事业，曾为了一个作品 37 小时不休不眠。

在他的手里，纸张经过一番折叠就可以变幻出很多妙不可言的作品，这些作品不用一滴胶水，不用经过剪裁，仅依靠折叠就可以变化成为任何想要的东西。如图 2-19 所示是秦坤的折纸作品。

图 2-18　秦坤在折纸

图 2-19　秦坤的折纸作品

　　折纸不像雕塑，雕塑是可以拼接的，但折纸需要一次成型，不允许拼接，更不允许使用胶水，一个小细节没做好，整个作品就会前功尽弃，所以折纸需要先做好设计，再根据设计一次成型。

　　为了能够让折出来的动物惟妙惟肖，秦坤每到一个城市都会到动物园去观察动物，秦坤常常在动物园里一待就是一整天，直到动物园关门才恋恋不舍地离开，如图 2-20 和图 2-21所示分别是秦坤折的螳螂和马头。

　　做任何事情有了一定的积累，量变就会转化为质变，秦坤将所有的业余时间都用于钻研折纸，所以折纸水平的提高也就是水到渠成的事情了。

　　每个人都有自己的梦想，没有梦想的人会失去方向，秦坤现在的梦想就是可以让国内的折纸从冷门走向热门，希望更多喜欢折纸的人能够从事这项事业，希望中国可以成为世界折纸领域中最活跃和最有影响力的国家之一。

图 2-20　螳螂折纸

图 2-21　马头折纸

　　秦坤本人最满意的作品是德古拉伯爵（见图 2-22），为了创作这个作品，秦坤一遍又一遍地阅读德古拉伯爵的故事，在头脑里构思这个神秘的人物形象。

图 2-22　德古拉伯爵折纸

　　他让一只蝙蝠停留在德古拉伯爵的肩膀上，将蝙蝠的姿势设计为抬头傲视前方，做出张开翅膀、欲飞的姿态，因为这样更能体现德古拉伯爵的嗜血王者之气。

　　德古拉伯爵面部表情的设计是最难的，为此秦坤设计了很多造型，但是又一一推翻，通过不断地设计造型，最终德古拉伯爵的面部表情生动体现了德古拉伯爵的灵魂，也体现了德古拉伯爵的内心情感，让德古拉伯爵这一折纸作品成为了一个有血有肉，仅面部表情就可以展现灵魂的作品。

　　德古拉伯爵这一折纸作品的创作经过了上千次的折叠，创作时间长达二十多天，不仅神态、五官、服饰、头发栩栩如生，而且肩膀上的蝙蝠展翅欲飞，很好地营造了德古拉伯爵神秘的人物特点。

　　秦坤之所以能够在折纸这一艺术形式上拥有那么大的成就，最主要的原因就是秦坤对折纸有着极大的热情，折纸可以说是秦坤在这个世界上最喜欢做的事情了，正因为爱好是折纸，所以秦坤不会觉得苦和累，他人看秦坤是付出了很多，但秦坤自己却乐在其中。每次进步秦坤都会无比幸福，能够走到今天秦坤已经成功了，人最大的幸福就是将爱好作为自己的事业。

八、折纸活动方案设计

1. 活动背景

　　折纸作为一种传统的手工艺术，不仅可以培养幼儿的动手能力、空间想象力，还有助于传承和弘扬我国的非物质文化遗产。本次折纸手工文化讲堂旨在通过生动有趣的活动，让幼儿在动手实践中感受折纸的魅力，深入了解折纸文化，从而增强文化自信和民族自豪感。

2. 活动目标

　　（1）让幼儿了解折纸的历史渊源和发展脉络，认识折纸文化的丰富内涵。
　　（2）提升幼儿的动手能力和空间想象力，培养细致入微的观察力和创新思维。
　　（3）通过团队协作完成折纸作品，培养幼儿的集体主义精神。
　　（4）弘扬我国传统手工艺术，传承非物质文化遗产，增强幼儿的文化自信和民族自豪感。

3. 活动准备

　　（1）准备材料包括剪刀、刻刀、纸张、胶水、颜料等工具，剪刀应选用适合幼儿使用的安全剪刀，纸张可以选择色彩鲜艳、质地适中的纸张。同时，考虑幼儿的安全，所有材料都应符合相关安全标准。
　　（2）安排合适的活动场地，确保幼儿有足够的空间进行创作。
　　（3）邀请有经验的折纸老师或艺术家进行现场指导和授课。
　　（4）提前宣传并组织幼儿报名参加活动，确保参加人数。

4. 活动安排

　　（1）时间：本次活动计划为期半天，分为讲解、实践和展示三个环节。
　　（2）地点：学校多功能教室或手工活动室。
　　（3）参与人员：幼儿、教师、家长志愿者等。

5. 活动内容

　　（1）折纸基础知识讲座：邀请折纸专家或资深爱好者介绍折纸的基本技巧、历史背景和文化意义，激发幼儿的兴趣和好奇心。
　　（2）折纸作品展示：展示各种精美的折纸作品，让幼儿近距离感受折纸艺术的魅力，激发创作灵感。
　　（3）动手实践环节：分组进行折纸实践，幼儿在专家的指导下尝试制作简单的折纸作品，体验折纸的乐趣。
　　（4）团队协作挑战：设置团队协作挑战任务，要求幼儿在限定时间内共同完成一个复杂的折纸作品，培养幼儿的团队合作精神和沟通能力。

（5）成果展示与分享：展示折纸作品，鼓励幼儿分享创作过程中的心得体会和收获，增强幼儿的自信心和表达能力。

6. 安全注意事项

（1）使用剪刀和刻刀时，要确保幼儿在成人的监护下进行。

（2）避免使用过于锋利的工具，以免划伤手指。

（3）教育幼儿不要将剪刀等工具当作玩具，使用完毕后要妥善存放。

7. 活动效果评估

可以通过以下几个方面评估活动的效果。

（1）参与度和积极性，观察幼儿在活动中的表现和互动情况。

（2）作品质量和创作能力，评价幼儿的动手能力和创造力。

（3）反馈和意见，收集幼儿对活动的评价和建议，为今后活动的开展提供参考。

8. 活动总结

活动结束后，对本次折纸手工活动进行总结，回顾活动过程和成果，总结经验教训，为今后的活动提供借鉴和参考。同时，鼓励幼儿将所学的折纸技艺运用到日常生活中，继续培养和发展自己的兴趣和爱好。

九、思考与实践

（1）思考折纸艺术在现代生活中的应用价值和意义，尝试将折纸元素融入日常生活或学习中，提升生活品质。

（2）鼓励幼儿与家人一起折纸，传承和推广折纸文化，让更多的人了解和欣赏这一传统手工艺术。

（3）尝试让幼儿发挥想象力和创造力，自行设计并制作一个新的折纸作品。

（4）参与社区或幼儿园的折纸文化交流活动，交流心得和经验，共同成长和进步。

十、任务总结

通过本次活动，不仅能让幼儿在动手实践中学习知识、掌握技能、培养情感，促进幼儿全面发展，还能提高幼儿的综合素质和能力水平，实现个人价值和社会价值的双重提升。

任务二 剪纸

一、剪纸的概述

剪纸，又称刻纸，是一种镂空艺术，是我国最古老的民间艺术之一，它使用剪刀将纸剪成各种艺术品，如窗花、门笺、墙花、顶棚花等，质朴、生动且有趣的艺术造型使其具有独特的艺术魅力（见图 2-23）。

剪纸作品不仅可以作为装饰品挂在墙上或窗户上，还可以用于制作贺卡、礼品包装等。此外，剪纸还可以与其他艺术形式结合，如绘画、雕塑等。

在中国，剪纸具有广泛的群众基础，交融于人们的生活中，是各种民俗活动的重要组成部分。其传承赓续的艺术形式，蕴涵了丰富的文化历史信息，表达了广大人民群众的社会认知、道德观念、实践经验、生活理想和审美情趣，具有认知、教化、表意、抒情、娱乐、交往等多重社会价值。

2006 年 5 月 20 日，剪纸艺术遗产经国务院批准列入第一批国家级非物质文化遗产名录。2009 年 9 月 28 日至 10 月 2 日举行的联合国教科文组织保护非物质文化遗产政府间委员会第四次会议上，中国申报的中国剪纸项目入选人类非物质文化遗产代表作名录。

图 2-23　剪纸作品

二、剪纸的基本符号

剪纸作为一种富有创意和表现力的传统手工艺术，对于幼儿来说是一种极好的手眼协调能力和创意思维培养方式。在幼儿学习剪纸的过程中，掌握基本的剪纸符号是至关重要的，以下是幼儿剪纸常用的基本符号及说明。

1. 直线

直线（见图 2-24）是剪纸中最基本的符号之一。通过剪裁直线，幼儿可以学会控制剪刀的方向和力度，锻炼手的稳定性和准确性。直线常用于绘制简单的几何图形和边框装饰。

图 2-24　直线

2. 曲线

曲线（见图 2-25）是剪纸中常见的符号，能够赋予作品柔和、流畅的感觉。曲线可以通过不同的弯曲程度和形状表现出丰富的形态，如波浪、花瓣等。裁剪曲线可以帮助幼儿增强对形状和线条的感知。

图 2-25　曲线

3. 折线

折线（见图 2-26）由多段相连的直线组成，表现出明显的折角。折线常用于表现物体的轮廓和转折处，如建筑、山脉等。学习折线的剪裁可以帮助幼儿提高空间结构感。

4. 圆形

圆形（见图 2-27）是剪纸中常见的基本形状之一。通过剪裁圆形，幼儿可以锻炼手的协调性和准确性，圆形可以单独使用，也可以与其他形状组合创造出更多复杂的图案。

图 2-26　折线

图 2-27　圆

5. 椭圆形

椭圆形（见图 2-28）是圆形的变体，呈现出水平或垂直方向上的压缩效果。椭圆形在剪纸中常用于表现物体如鸡蛋、果实等的不规则形状。

6. 三角形

三角形（见图 2-29）是另一个基本的几何形状，在剪纸中具有广泛的应用。三角形可以分为等边三角形、等腰三角形等多种类型，通过不同的组合和剪裁方式，可以创造出丰富的图案。

图 2-28　圆

图 2-29　三角形

通过练习裁剪这些剪纸的基本符号，幼儿可以逐渐掌握剪纸的基本技巧，从而发挥自己的创意和想象力，创作出更多有趣而独特的剪纸作品。

三、剪纸的基本技法

1. 剪纸工具与材料

进行剪纸创作，基本的工具包括剪刀、刻刀和刀片，常用的材料是纸张。选择纸张时，需要考虑其厚度、韧性和吸墨性，此外，可以选择不同颜色的纸张为剪纸作品增添色彩和视觉效果。

2. 剪纸的基本技巧

在幼儿园阶段，主要教授幼儿基本的剪纸技巧，如直线剪、曲线剪、对折剪等。教师可以通过示范和讲解，引导幼儿逐步掌握这些技巧，并在实践中不断提高。

剪纸的基本技巧有以下几种：

（1）对折剪纸：将纸张对折多次，然后剪出对称的图案。

（2）镂空剪纸：在纸张上刻出细致的图案，然后剪去多余部分。

（3）连续剪纸：用刀片刻出连续的图案，如窗花等。

四、剪纸的制作步骤

1. 选择合适的纸张与工具

在幼儿园剪纸活动中，选择合适的纸张至关重要。纸张应轻便、柔软且具有一定的厚度，以便幼儿能够轻松剪裁，同时保证作品的美观性。常用的纸张有彩色卡纸（见图2-30）、宣纸等，可以根据活动需求进行选择。其他的工具包括双面胶（见图2-31）、剪刀（见图2-32）、铅笔（见图2-33）、彩笔（见图2-34）和橡皮（见图2-35）等。

图 2-30　彩色卡纸

图 2-31　双面胶

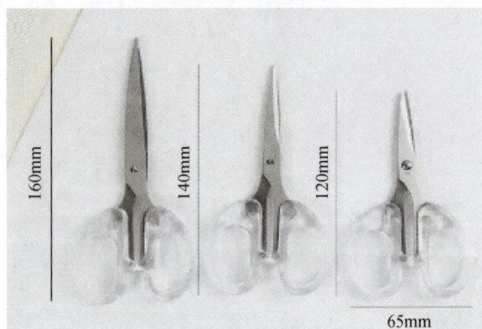

图 2-32　剪刀

图 2-33　铅笔

图 2-34　彩笔

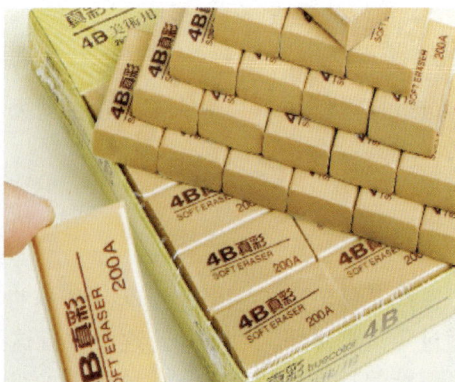

图 2-35　橡皮

2. 教授基本的刀法技巧

在剪纸活动中，教授幼儿基本的刀法技巧是必要的。基本的刀法技巧包括直线剪、曲线剪、对折剪等。教师应通过示范和讲解，帮助幼儿理解和掌握这些技巧。在教授刀法技巧时，教师应注重动作的准确性和规范性，确保幼儿能够正确模仿。

3. 剪裁基础图案

为了让幼儿更好地掌握剪纸技巧，可以从剪裁基础图案开始。基础图案包括简单的几何图形、动植物形象等。通过剪裁基础图案，幼儿可以逐渐掌握剪纸的基本规律，为后续的创意剪纸打下基础。

4. 示范与讲解

在进行剪纸活动时，教师应进行示范和讲解。示范可以让幼儿直观地了解剪纸的过程和技巧，讲解可以帮助幼儿理解剪纸的原理和注意事项。示范和讲解应结合进行，以便幼儿更好地理解和掌握剪纸技能。

5. 动手实践操作

动手实践操作是剪纸活动的核心环节。在教师的指导下，幼儿应亲自动手进行剪纸操作。通过实践操作，幼儿可以将学到的知识和技巧付诸实践，从而不断提高自己的剪纸水平。在实践操作中，教师应给予幼儿足够的耐心和鼓励，帮助他们克服困难，增强自信心。

6. 安全注意事项

在进行剪纸活动时，安全始终是第一位的。教师应提醒幼儿注意剪刀的正确使用方法，避免剪伤自己或他人。同时，教师应时刻关注幼儿的动态，确保他们在操作过程中遵守安全规定。活动结束后，教师应及时收起剪刀等工具，确保环境安全。

7. 展示与成果分享

活动结束后，教师应组织幼儿进行作品展示和分享。通过展示和分享，幼儿可以互相学习和交流。同时，这也是一个增强幼儿自信心和成就感的好机会。在展示和分享的过程中，教师应给予幼儿充分的肯定和鼓励，激发他们继续参与剪纸活动的兴趣。

8. 反思与技能提升

活动结束后，教师应引导幼儿进行反思和总结，帮助他们认识到自己在剪纸过程中的优点和不足。通过反思和总结，幼儿可以了解自己的技能水平和提升方向，从而制订下一步的学习计划。教师也可以根据幼儿的反思和表现，提供针对性的指导和建议，帮助他们提升剪纸技能。

通过以上基本步骤的实施，幼儿园剪纸活动可以有序、高效地进行。这不仅有助于培养幼儿的剪纸技能和创造力，还能促进他们的全面发展。因此，我们应重视幼儿园剪纸活动的组织和实施，为幼儿的成长提供有力的支持。

五、动手做剪纸

1. 剪纸小鱼

剪纸小鱼的制作过程如图 2-36 所示。

示范视频

(a) 准备一张正方形彩纸　　　　(b) 沿对角线折叠　　　　(c) 用铅笔垂直画上等距的竖线

(d) 用剪刀沿竖线剪开，注意不要剪到头　　(e) 打开彩纸，中间粘上双面胶　　(f) 用黄色彩纸剪出小鱼脑袋，两边向中间粘贴

(g) 用马克笔画上眼睛和嘴巴

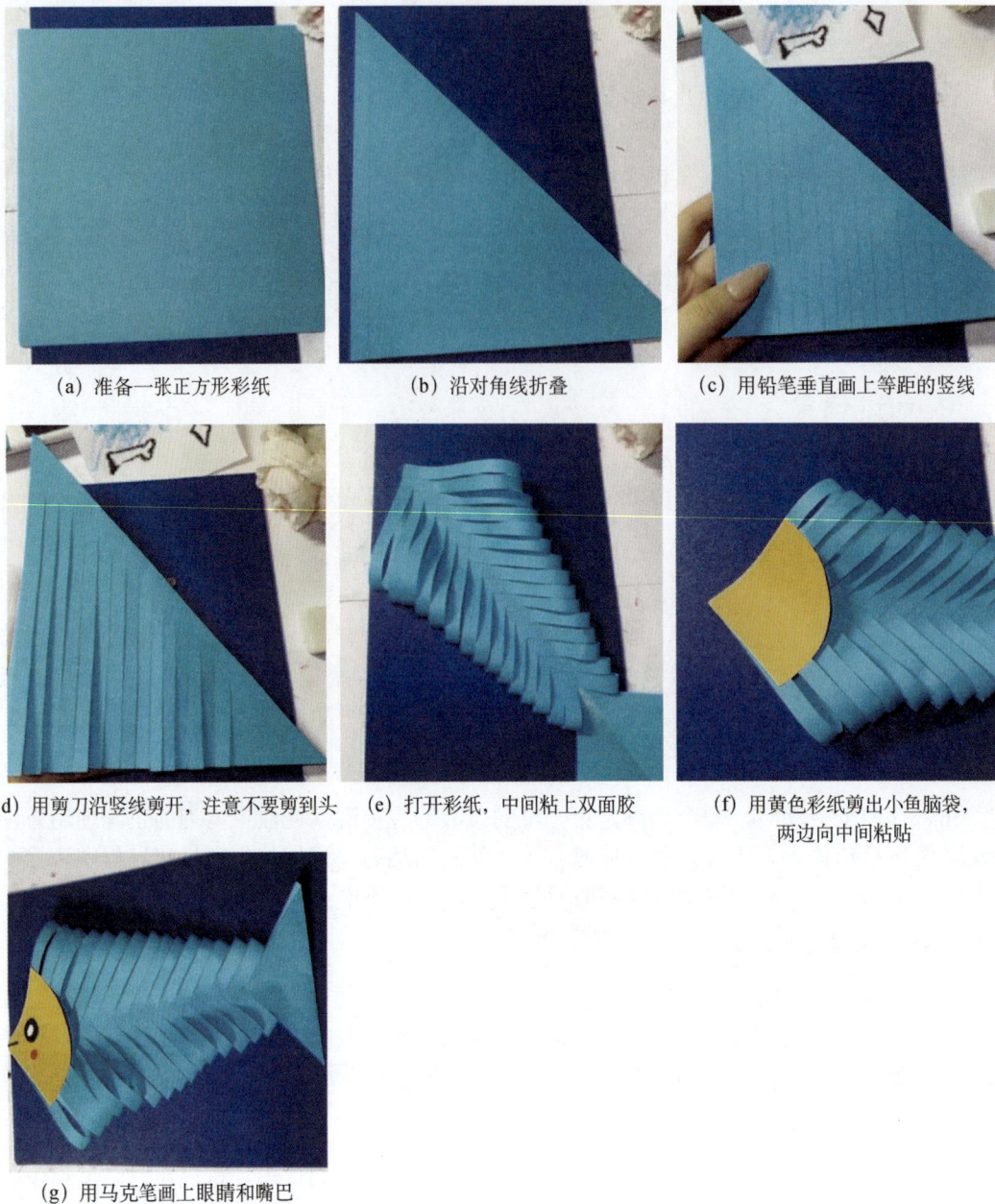

图 2-36　剪纸小鱼的制作过程

2. 窗花

窗花的制作过程如图 2-37 所示。

示范视频

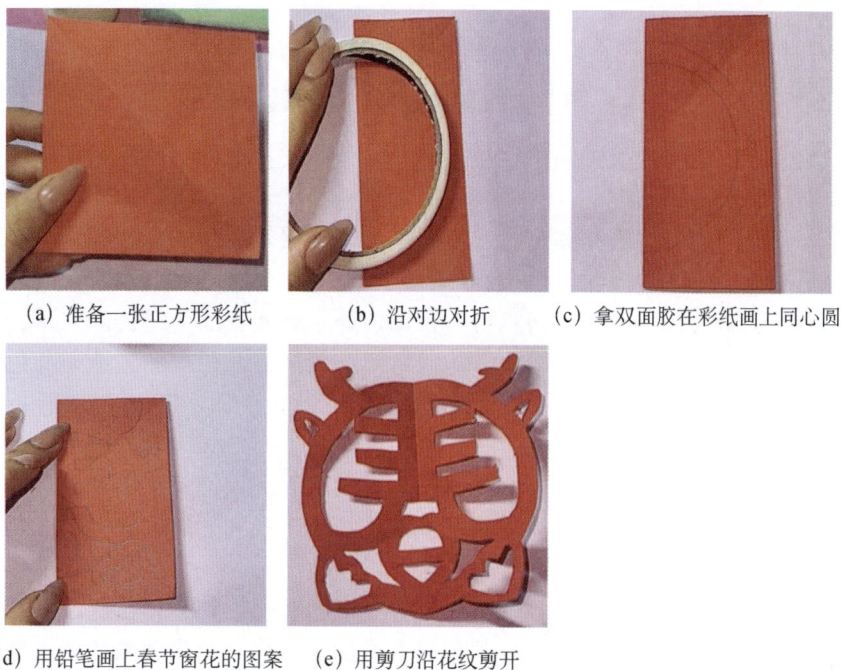

(a) 准备一张正方形彩纸　　　(b) 沿对边对折　　　(c) 拿双面胶在彩纸画上同心圆

(d) 用铅笔画上春节窗花的图案　　(e) 用剪刀沿花纹剪开

图 2-37　剪纸窗花的制作过程

六、剪纸作品欣赏

如图 2-38 所示为一些常见的剪纸作品。

图 2-38　剪纸作品欣赏

七、手工文化讲堂

中国非物质文化遗产——蔚县剪纸

剪纸，是中国古老的传统民间手工技艺之一，其历史可追溯到西汉时期。最初，剪纸用于祭祀和装饰。随着时间的推移，逐渐发展成为一种富有创意和审美价值的艺术形式。剪纸作品常常蕴含着深厚的文化内涵和寓意，反映了人们对美好生活的向往和追求。蔚县剪纸则是中国传统剪纸文化的优秀代表。

蔚县剪纸源于明代，是一种风格独特、在国内外享有盛誉的传统民间艺术。清代末年，蔚县剪纸工具改革，由"剪"变"刻"。20世纪初，蔚县剪纸在构图、造型和色彩上逐渐形成了自己独特的艺术风格，开创了独具一格的民间剪纸新流派。2006年，蔚县剪纸经国务院批准列入第一批国家级非物质文化遗产名录。

蔚县剪纸又叫窗花，是全国唯一一种以阴刻为主、阳刻为辅的点彩剪纸，点彩剪纸迄今已有二百多年的历史。它使用的是薄薄的宣纸，先拿小巧锐利的雕刀在宣纸上刻出图案，再点染上鲜艳的颜色，从而形成空灵、艳丽的艺术品。

蔚县剪纸不仅是民间社会的产物，更是百姓生活的写照。它题材广泛，包括戏曲人物、戏曲脸谱、神话传说、花鸟鱼虫、吉禽瑞兽等多方面的内容。蔚县剪纸的刀工既有北方民间剪纸粗犷、质朴的特性（见图2-39），又有南方剪纸细腻、秀丽的风格（见图2-40）。蔚县剪纸色彩浓艳、对比强烈、装饰感强、民间味浓，富有韵味节律，呈现出妩媚娇艳、淳朴华美的艺术魅力，为世人所青睐。

图 2-39　质朴的蔚县剪纸

图 2-40　秀丽的蔚县剪纸

在种类繁多的民间剪纸艺坛上，蔚县剪纸以构图饱满（图2-41）、造型生动（图2-42）、色彩绚丽（图2-43）、工艺奇特的艺术风格独树一帜。因为集中了中国民间艺术质朴、率真、热情的共性和敦厚、阳刚、朴拙的乡土个性，所以从一种地域文化的象征转化为了华夏民族的民间标志，被誉为"中华民族一种美丽的象征性符号"。

图 2-41 构图饱满的蔚县剪纸

图 2-42 造型生动的蔚县剪纸

图 2-43 色彩绚丽的蔚县剪纸

八、剪纸活动方案设计

1. 活动背景

剪纸是中国传统的民间艺术，于 2006 年被列入第一批国家级非物质文化遗产名录。在幼儿园教育中，剪纸活动不仅能锻炼幼儿的动手能力，还能激发他们的想象力和创造力。通过学习剪纸，幼儿能够学会使用工具，并创作出自己喜欢的图形。

2. 活动目标

（1）锻炼幼儿的手部精细动作能力，如手指的灵活性和协调性。
（2）培养幼儿的观察力和空间想象力。
（3）弘扬中华优秀传统文化，增强民族自豪感和文化自信。

3. 活动准备

（1）准备剪纸材料：纸张、剪刀、胶水、颜料等工具。剪刀应选用适合幼儿使用的安全剪刀，纸张可以选择色彩鲜艳、质地适中的纸张。同时，考虑幼儿的安全，所有材料都应符合相关安全标准。

（2）安排合适的活动场地，确保幼儿有足够的空间进行创作。

（3）邀请有经验的剪纸老师或艺术家进行授课和现场指导。

（4）提前宣传并组织幼儿报名，确保参与人数和积极性。

4. 活动安排

（1）时间：本次活动计划为期半天，分为讲解、实践和展示三个环节。

（2）地点：幼儿园多功能教室或手工活动室。

（3）参与人员：幼儿、教师、家长志愿者等。

5. 活动内容

（1）剪纸基础知识讲座：邀请剪纸专家或资深爱好者为幼儿介绍剪纸的基本技巧、历史背景和文化意义，激发幼儿的兴趣和好奇心。

（2）剪纸作品展示：展示各种精美的剪纸作品，让幼儿近距离感受剪纸艺术的魅力，激发创作灵感。通过展示经典的剪纸作品，让幼儿感受剪纸艺术的魅力，这些作品可以是传统的吉祥图案，如福、寿、喜等，也可以是现代创意作品（见图2-44）。

图 2-44　剪纸作品展示

（3）动手实践环节：分组进行剪纸实践，幼儿在剪纸老师的指导下尝试创作简单的剪纸作品，体验剪纸的乐趣。

（4）团队协作挑战：设置团队协作挑战任务，要求幼儿在限定时间内共同完成一个复杂的剪纸作品，培养幼儿的团队合作精神和沟通能力。

（5）成果展示与分享：将幼儿的剪纸作品进行展示，鼓励他们分享创作过程中的心得体会和收获，增强幼儿的自信心和表达能力。

6. 安全注意事项

（1）使用剪刀和刻刀时，要确保幼儿在成人的监护下进行。

（2）避免使用过于锋利的工具，以免划伤手指。

（3）教育幼儿不要将剪刀等工具当作玩具，使用完毕后要妥善存放。

7. 活动效果评估

可以通过以下几个方面评估活动效果。

（1）参与度和积极性，观察幼儿在活动中的表现和互动情况。

（2）作品质量和创作能力，评估幼儿的动手能力和创造力。

（3）反馈和意见，收集幼儿对活动的评价和建议，为今后的活动改进提供参考。

8. 活动总结

活动结束后，对本次剪纸手工活动进行总结，回顾活动过程和成果，总结经验教训，为今后的活动提供借鉴和参考。同时，鼓励幼儿将所学的剪纸技艺运用到日常生活中，继续培养和发展自己的兴趣和爱好。

九、思考与实践

（1）思考剪纸艺术在现代生活中的应用价值和意义，尝试将剪纸元素融入日常生活或学习，提升生活品质。

（2）鼓励幼儿选择自己感兴趣的剪纸作品进行深入学习和研究，探索其背后的文化内涵和历史背景，形成自己的理解和认识。

（3）鼓励幼儿与家人一起剪纸，传承和弘扬剪纸文化，让更多的人了解和欣赏这一传统手工艺术。

（4）尝试自行设计并制作一个新的剪纸作品，发挥想象力和创造力，展现个人风格和特色。

十、任务总结

剪纸作为中华优秀传统文化的重要组成部分，具有深厚的文化底蕴和历史价值。通过剪纸手工文化讲堂，可以让幼儿更好地了解和传承这一传统文化艺术形式，同时培养他们的审美能力和创造力。此外，剪纸还能激发幼儿对传统文化的兴趣和热爱，增强他们的民族自豪感和文化自信。

通过本次剪纸活动的实施，幼儿不仅能够学习剪纸的基本技巧和文化知识，还能在实践中锻炼自己的动手能力和团队协作精神。课后思考与实践环节的设置，旨在引导幼儿将所学知识运用到实际生活中，培养他们的创新思维和实践能力，为未来的全面发展打下坚实的基础。

项目三　布艺手工

知识目标

1. 了解布艺材料的特性：使幼儿能够识别不同的布艺材料，如棉布、麻布、丝绸等，并了解它们的质地、色彩、纹理等基本特性。

2. 掌握基本缝纫技巧：教授幼儿基本的缝纫知识和技能，如穿针引线、打结、简单的缝合技巧等，为日后的手工创作打基础。

技能目标

1. 通过布艺手工活动，鼓励幼儿自由发挥，创作出富有个性和创意的作品，培养幼儿的创新思维和想象力。

2. 通过布艺手工的制作，使幼儿逐渐养成耐心细致的工作习惯。

3. 通过实际操作，提高幼儿的动手实践能力，使他们在实践中不断提升技能水平。

素质目标

1. 通过欣赏和制作布艺手工作品，引导幼儿发现美、欣赏美、创造美，培养他们的审美能力和鉴赏能力。

2. 布艺手工作为传统手工艺术的一种，蕴含着丰富的历史文化内涵，通过布艺手工活动，使幼儿能够感受传统文化的魅力，增强对传统文化的认识和尊重。

3. 通过布艺手工活动培养幼儿的动手能力，为他们在认知、情感、社会等各方面综合素质的发展打下良好的基础，促进幼儿综合素质的发展。

任务一　扭扭棒

一、扭扭棒概述

扭扭棒也被称为造型棒或弯曲棒，是一种可塑性强、易于弯曲成型的工艺材料。它通常由轻质塑料制成，表面覆盖一层彩色或金属质感的涂层，使得制作出的作品既坚固又美观。

1. 材料特性

扭扭棒具有良好的柔韧性和可塑性，能够轻松弯曲成各种形状并保持形态。同时，它具有一定的抗拉强度，可以在一定程度上承受外力而不易断裂。

2. 适用范围

扭扭棒适用于制作各类工艺品，如装饰品、玩具、摆件等。由于其具有易操作性和强可塑性，也常用于儿童创意教育和 DIY 手工制作。

3. 常见风格

使用扭扭棒可以制作出风格多样的作品，如简约现代、复古怀旧等，通过巧妙的设计和搭配，能够创造出富有创意和美感的作品。

二、扭扭棒基本技法

1. 弯曲造型

（1）基本操作：将扭扭棒按照所需形状进行弯曲，可以使用手指或钳子。

（2）注意事项：在弯曲过程中要保持力度均匀，避免过度用力导致材料断裂。同时，注意保持作品的整体美观度。

2. 编织组合

（1）基本操作：将两根或多根扭扭棒编织在一起，形成更复杂的结构和纹理。

（2）注意事项：在编织过程中要保持线条的整洁和均匀，同时注意不同颜色或材质的搭配，以增强作品的视觉效果。

3. 扭结固定

（1）基本操作：将两根或多根扭扭棒扭结在一起，形成固定的结构。

（2）注意事项：扭结时要确保力度适中，既要保证固定效果又要避免过紧影响美观。

三、扭扭棒制作步骤

1. 准备材料与工具

准备所需的扭扭棒（见图 3-1），剪刀、钳子、钢板尺（见图 3-2），胶带（见图 3-3），胶枪（见图 3-4）等材料和工具。

2. 设计构思

确定要制作的作品造型和风格，进行初步的设计构思。

图 3-1　扭扭棒

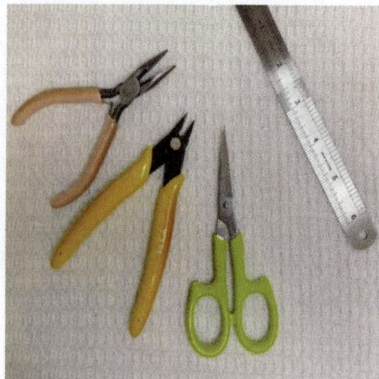

图 3-2　剪刀、钳子、钢板尺

图 3-3　胶带

图 3-4　胶枪

3. 塑形制作

按照设计构思，使用扭扭棒进行塑形制作。可以通过弯曲、编织、扭结等技法制作出所需的形状和结构。

4. 细节调整

对作品进行细节调整，如添加装饰物、完善结构等。

5. 完成与装饰

完成基本制作后，进行最后的装饰和整理。可以使用彩色纸、胶水等材料对作品进行进一步的装饰和美化。

四、动手做扭扭棒

1. 蝴蝶仙女棒

蝴蝶仙女棒的制作过程如图 3-5 所示。

2. 魔法少女棒

魔法少女棒的制作过程如图 3-6 所示。

示范视频

示范视频

（a）将一根扭扭棒按7:3的比例分别折出三角形和椭圆形

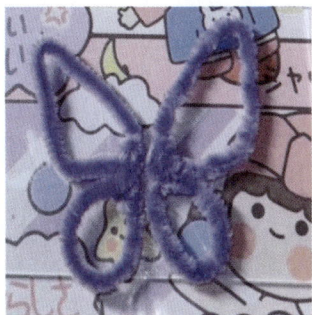

（b）另外一边对称做出蝴蝶的形状

（c）取另一根扭扭棒剪成小段，填满骨架中间，并用胶枪固定

（d）取一根扭扭棒分成四份，剪掉多余部分，弯折做出蝴蝶的触须

（e）取两根扭扭棒缠绕粘贴在蝴蝶底端

图 3-5　蝴蝶仙女棒的制作过程

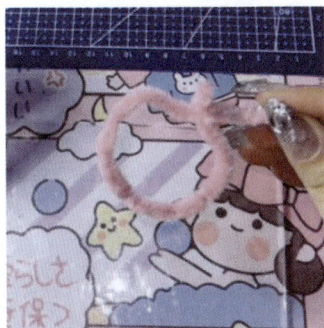

（a）取一根粉色的扭扭棒将其沿中间对折扭成一个圆形

（b）多余部分缠绕圆形，让整体立体一些

（c）取一根黄色的扭扭棒，折成五角星形状，固定在圆形中间

（d）取一根白色的扭扭棒，将其做成小翅膀粘在圆形的两侧

（e）取两根粉色的扭扭棒缠绕粘贴在底端

图 3-6　魔法少女棒的制作过程

五、扭扭棒作品欣赏

如图 3-7 所示为一些常见的扭扭棒作品。

图 3-7　扭扭棒作品欣赏

六、手工文化讲堂

匠心"传承"，非遗"绒花"

花被赋予了不同的花语和美好寓意，采花、插花、食用、入药……无处不在的花是人们对于美的追求，从古到今，爱花之人从未减少。

扭扭棒也叫仿绒花条。绒花，是用天然蚕丝制作而成的传统手工艺品，以头花、胸花、帽花、摆件等装饰品形式出现，用于礼仪事项、民俗节事及日常生活中。绒花毛绒绒的触感、富丽丰满的造型，给人一种温暖、美好的感觉（见图3-8）。绒花用丝绣编织，工艺精美，不仅外观雍容华丽，还谐音"荣华"，寓意吉祥富贵（见图3-9）。

绒花与民间的节庆习俗有着密不可分的关联。每逢一事三节，绒花都是必不可少的节庆饰品，增添了喜庆吉祥的氛围，表达了人们对美好生活的向往之情。在南京，遇嫁娶喜事亲朋会送新人"龙凤呈祥""石榴多子"的大红头花、胸花，春节常见"年年有余"的绒花样式，端午节、中秋节也有独特的"五毒""兔子拜月"等绒花样式，寓意驱邪求福。

此外，在北京、天津等地也流传着佩戴绒花以求美丽吉祥的习俗。如北京地区满族妇女喜欢的绒制凤冠旗头，庙会上比比皆是的绒花福字，买一朵即意味着"戴福还家"；天津妇女春节常戴"龙凤花""聚宝盆"等绒花的传统一直延续到现在等。

图3-8 温暖、美好感觉的绒花

图3-9 绒花谐音"荣华"，寓意吉祥富贵

绒花相传产生于唐代，宋代已成为都市"小经济"的一种。唐代元稹《古行宫》："寥落古行宫，宫花寂寞红。白头宫女在，闲坐说玄宗。"此处的宫花即为绒花和绢花的统称，因作为朝廷贡品进入宫中而得名。

唐代以后，簪花风气流行，除鲜花外，簪假花也很普遍。制作假花的材料主要有金、银、丝、绢、纱、绫、绒、通草和彩纸等。假花因其物美价廉、经久耐用、不受时空限制而备受推崇。唐代著名画家周昉绘制的《簪花仕女图》中簪的便是绒花（见图3-10）。

图3-10 唐·周昉《簪花仕女图》

　　宋代时戴花习俗蔚然成风，头上戴花表示吉祥，男女老少都会戴花，如图 3-11 所示是男子簪花图。朝廷遇到大事，皇帝与百官都会戴花，新科进士参加闻喜宴，皇帝要遵循惯例给进士们赐花。

图 3-11　北宋苏汉臣《货郎图》中的男子簪花图（局部）

　　《红楼梦》里曾有这样的情节，李纨将宫里作的新鲜样法"堆纱花儿"——送给园子里的姑娘们。这里的"堆纱花儿"指的就是南京绒花。

　　清末民初，簪花习俗的流传促进了绒花生产的发展，簪花品种有纸花、绢花、绒花、通草花等。在北京、福建泉州、江苏扬州一带，望朔之日、逢年过节、婚庆喜寿，或者会朋友、赶庙会都有佩戴绒花的习俗。如图 3-12 所示是故宫博物院藏清代绒花。

图 3-12　故宫博物院藏清代绒花

绒花这一手工艺品已传承千年。2006 年，南京绒花被评为江苏省非物质文化遗产；2009 年，北京绒鸟（绒花）入选市级非遗名录。如图 3-13 所示是南京非物质文化遗产绒花传承人赵树宪在制作绒花。

图 3-13　南京非物质文化遗产绒花传承人赵树宪在制作绒花

绒花的制作工艺与造型艺术是绒花作为非物质文化遗产的核心价值之一，也是亟待保护与传承的主要内容。

绒花的主要材料是蚕丝，而制作绒花用的蚕丝跟一种丝绸制品密切相关，它就是云锦。云锦是中国丝织品工艺的集大成者，元、明、清三代都为皇家御用贡品，制作工艺复杂，有"寸锦寸金"之称。因其选材十分严格，在织造过程中会留下大量的蚕丝边角料，古人惜物，就将下脚料做成了绒花。

绒花的制作过程非常烦琐和复杂，一件绒制品要经过炼绒、漂白、染色、喷丝、批拍子、拴拍子、剪拍子、对拍子、搓条、刹形、熨烫和组装等十几道工序才能完成。

绒花的类型很多，传统形式主要有鬓头花、胸花、脚花、帽花、罩花、礼花、戏剧花（舞台表演使用）等，采用象征吉祥如意、福禄寿的龙、凤、蝙蝠、寿桃等传统造型图案，由于此类绒花多用于婚嫁喜事，又称为"喜花"，如图 3-14 所示是用于婚嫁的绒花饰品。

后来，为了适应时代的发展，绒花的使用范围也逐渐扩大，出现了绒制凤冠、花鸟虫鱼、人物走兽、盆景建筑等新类型，多被称为绒制工艺品。不但有圣诞老人、胖娃娃、孙悟空、武松打虎、嫦娥奔月、麻姑献寿、薛宝钗、林黛玉等人物形象，也有小鸡（见图 3-15）、小鸭、小鸟、熊猫、孔雀等动物形象。此外，还有表现生活意趣的绒制品"松鼠葡萄""喜鹊登梅""岁寒三友"等，具有观赏性质的绒制盆景"松鹤延年""绒制花篮""龙凤喜烛""龙凤呈祥"等。在民间，人们习惯将其和传统类型一并统称为绒花。

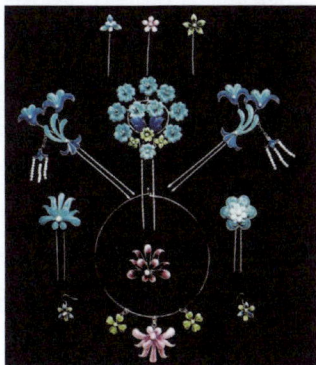

图 3-14　用于婚嫁的绒花饰品

图 3-15　可爱的绒花小鸡

历史上，扬州、南京、北京、天津等地都曾是盛行绒花的地区，并形成了各自的地域风格，无论是技艺风格还是传统习俗都不尽相同。

扬州绒花历史悠久，千百年来作为南方绒花的杰出代表，占据着中国制花业的半壁江山。它在民间的影响根深蒂固，自古"扬人无贵贱，皆戴花"，其制品数量之大，从业艺人之多，是其他工艺品种无法比拟的。扬州绒花艳丽多姿，却艳而不俗；优美动人，却美而不娇；被世人称为工艺品中的"小家碧玉"（见图3-16）。

传统绒花只做鬓花和装饰用，而近代扬州绒花实现了三次质的飞跃。以鸟兽为主要内容的"案头小品"在色彩和造型上使绒花得到丰富和发展，被称为"第二代产品"；采用浮雕、半立体浮雕技法将绒花设计进画面的"绒制挂屏"被称为"第三代产品"（见图3-17）；借鉴扬派盆景艺术，将绒花镶入盆钵之中制作而成的高档艺术品被称为"第四代产品"。

图3-16　扬州绒花

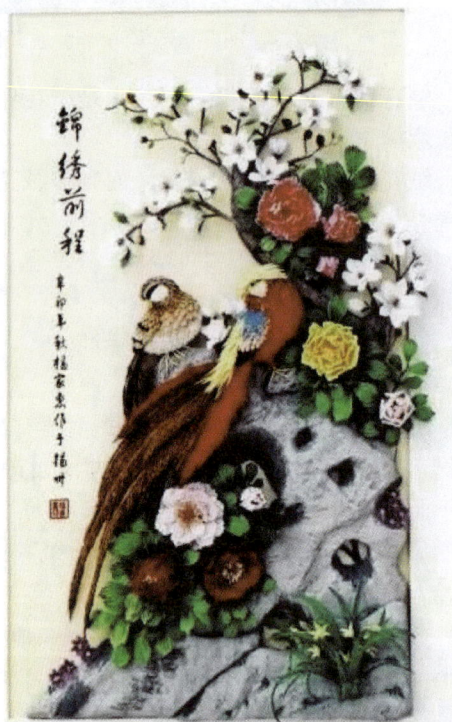

图3-17　扬州"绒制挂屏"

南京绒花与扬州绒花同属南派绒花，南京绒花之所以盛行，相传得益于明清时期南京云锦行业的发展，大量的蚕丝下脚料为绒花的制作提供了充足的原材料。

20世纪90年代，南京有近百家企业生产工艺美术品，生产门类包括人造花（绒花）、染织工艺品、民间工艺品、非工艺品等二十一个大类。这一时期的产品除少数的传统绒花产品外，大多为外销的动物类绒制工艺品，产品主要销往西欧地区，这是南京绒花继明清之后的又一个繁盛时期。

赵树宪是南京民俗非遗博物馆内的一位非遗传承人，经他一双巧手，蚕丝和铜条"变身"五彩的花朵戴在了《延禧攻略》电视剧中女性角色的头上，随着电视剧的热播，让绒花技艺重现荣光。

北京是北派绒花的盛行地。北京绒花的历史积淀与绒花造型种类的变迁，是对北京绒花的一个历史回顾。同南京绒花一样，北京绒鸟（绒花）在改革开放后经历了几十年的沉寂，于 2009 年入选为市级非遗名录，此后获得了更多的关注。

北京绒花（见图 3-18）与扬州绒花和南京绒花的制作程序不同，北京绒花是"先缠后剪"，即先用铜丝制成绒条，再根据需要剪成需要的长度。而扬州绒花和南京绒花的制作程序恰恰相反，是"先剪后缠"，除了这一点也无太大区别。

此外，天津也有制作和佩戴绒花的传统，天津人喜爱红绒花（见图 3-19），多在过年时佩戴，以求日子过得红红火火，天津也是现在唯一一个保留过年戴绒花传统的城市。

图 3-18　北京绒鸟（绒花）

图 3-19　天津绒花饰品

七、扭扭棒活动方案设计

1. 活动背景

扭扭棒的外面是毛茸茸的绒毛，绒毛里面包裹着细细的铁丝。扭扭棒有各种各样的颜色，可以随意弯曲，并且能用剪刀剪，很适合幼儿手工操作。

在幼儿园手工制作活动中，扭扭棒制作活动不仅能锻炼幼儿的动手能力，还能激发他们的想象力和创造力。通过该活动，幼儿能够学会如何操作工具，以及如何将一个个普通的扭扭棒制作成有趣的造型。

2. 活动目标

（1）培养幼儿对扭扭棒手工制作的兴趣和爱好，锻炼动手能力。
（2）使幼儿通过实际操作掌握扭扭棒手工制作的基本技巧和方法。
（3）引导幼儿深入了解中华优秀传统文化的魅力，提升审美能力。

3. 活动准备

（1）准备材料包括：扭扭棒、剪刀、钳子、钢板尺、胶水等材料和工具。剪刀、钳子和钢板尺应选择适合幼儿使用的类型，同时，考虑幼儿的安全，所有材料都应符合相关安全标准。
（2）安排合适的活动场地，确保幼儿有足够的空间进行创作。
（3）邀请有经验的扭扭棒制作老师或艺术家进行授课和现场指导。
（4）提前宣传并组织幼儿报名参加活动，确保参与人数和积极性。

4. 活动安排

（1）时间：本次活动计划为期半天，分为讲解、实践和展示三个环节。

（2）地点：幼儿园多功能教室或手工活动室。

（3）参与人员：幼儿、教师、家长志愿者等。

5. 活动内容

（1）扭扭棒手工基础知识介绍：包括扭扭棒的历史、特点、应用领域等。

（2）基本技巧讲解与示范：教授幼儿如何正确使用扭扭棒，以及基本的弯曲、组合、粘贴等技巧。

（3）手工制作实践：分组进行手工制作，幼儿可以自由选择主题，如小动物、植物、传统文化元素等。

（4）作品展示与评价：幼儿展示自己的作品，互相评价，分享制作心得。

6. 安全注意事项

（1）使用剪刀和钳子时，要确保幼儿在成人的监护下进行。

（2）避免使用过于锋利的工具，以免划伤手指。

（3）教育幼儿不要将剪刀和钳子等工具当作玩具，使用完毕后要妥善存放。

7. 活动效果评估

可以通过以下几个方面评估活动的效果。

（1）参与度和积极性，观察幼儿在活动中的表现和互动情况。

（2）作品质量和创作能力，评价幼儿的动手能力和创造力。

（3）反馈和意见，收集幼儿对活动的评价和建议，为今后的活动改进提供参考。

8. 活动总结

活动结束后，对本次扭扭棒制作活动进行总结，同时，鼓励幼儿将所学的扭扭棒制作技艺运用到日常生活中，继续培养和发展自己的兴趣和爱好。

八、思考与实践

1. 鼓励幼儿在活动结束后，思考自己在制作过程中遇到的问题和采用的解决方法，以及如何通过改进和创新，使作品更加完美。

2. 鼓励幼儿在日常生活中，继续探索和尝试使用扭扭棒进行手工制作，将所学技能应用到实际生活中，如制作家居装饰和小礼品等。

3. 鼓励幼儿将自己的作品和制作经验分享给家人和小朋友，让更多的人了解和喜欢扭扭棒手工文化。

九、任务总结

通过本次扭扭棒手工制作活动的实施，希望幼儿能在轻松愉快的氛围中学习到新的手工技能、感受到中华优秀传统文化的魅力，同时也能在课后思考与实践中，不断提高自己的动手能力和创新意识。

任务二　布贴画

一、布贴画概述

1. 起源与历史

布贴画（见图 3-20）也叫布堆画、布贴花、布摞花、拨花，是我国的一种传统刺绣技艺，最初源自宫廷的补绣工艺。布贴画色彩丰富鲜艳，剪贴的边线明朗整洁，具有木刻版画的刀刻质感和木版纹理，是我国民间常见的手工艺术。这种艺术形式起源于唐宋，流行于明清，最初主要用于装饰服饰，随着时代的发展，布贴画逐渐演变成为一种独立的艺术形式，广泛应用于家居装饰、礼品制作等领域。

图 3-20　布贴画艺术品

布贴画作为一种传统的艺术形式，蕴含着丰富的文化内涵和寓意。它不仅是对生活的美化，更是对传统文化的传承和弘扬。通过布贴画，人们可以感受到中华民族的历史底蕴和文化精神，如图 3-21 所示是蕴含历史底蕴和文化精神的布贴画。

图 3-21　蕴含历史底蕴和文化精神的布贴画

2. 制作材料

布贴画的制作材料丰富多样，主要包括布料、纸张、线材等。布料是布贴画的主要材料，可以选择棉、麻、丝、绸等各种质地和颜色的布料。纸张是辅助材料，可用于制作底版。线材包括彩色纸绳线、麻绳、金属绳、毛线绳等，用于缝制和固定布料。此外，还需要剪刀、针线、胶水等辅助工具。

3. 制作工艺

布贴画的制作工艺主要包括剪裁、拼贴、缝制和装裱等步骤。首先，根据设计好的图案，使用剪刀将布料剪裁成相应的形状。然后，将剪裁好的布料按照设计的布局拼贴在一起，形成完整的图案。接着，使用针线或胶水将布料固定在一起，确保作品的牢固性。最后，进行装裱处理，使作品更加美观和耐用。

4. 风格与特点

布贴画的风格多样，既有古朴典雅的传统风格，也有现代时尚的创新风格。它将不同颜色、不同纹理的布料，通过拼贴和缝制，制作出独特的图案和纹理。同时，布贴画还注重色彩的运用和搭配，因此作品的色彩丰富、层次分明。

5. 艺术价值

布贴画作为一种独特的艺术形式，具有很高的艺术价值。它不仅展示了制作者的匠心独运和精湛技艺，还传递了丰富的文化内涵和审美追求。通过布贴画，人们可以感受到传统文化的魅力和现代艺术的创新。

6. 应用领域

布贴画在多个领域都有广泛的应用。在装饰艺术领域，布贴画可以作为家居装饰、壁画等，为室内空间增添温馨和美感。在教育领域，布贴画可以作为手工课程的一部分，用于培养学生的动手能力和创造力。同时，布贴画还可以作为艺术品进行展示和销售，用于欣赏和收藏。

7. 未来发展

随着人们对中华民族传统手工艺术认识的深入，布贴画作为一种独特的艺术形式，未来有着广阔的发展前景。一方面，布贴画可以与现代艺术融合，创造出更多具有创新性和时代感的作品；另一方面，布贴画也可以应用数字化技术，实现制作流程的简化和作品的批量生产。同时，布贴画还可以通过国内外展览和交流活动，提高知名度和影响力，吸引更多人的关注和喜爱。

二、布贴画的基本技法

1. 剪裁

根据设计好的图案，使用剪刀或裁纸刀将布料剪裁成相应的形状。对于幼儿园的孩子，建议使用剪刀，并在老师的指导下进行。

2. 拼贴

将剪裁好的布料按照设计的布局拼贴在一起，形成完整的图案。在拼贴的过程中，可以引导幼儿发挥想象力，创作出独特的作品。

3. 缝制

用针线将拼贴好的布料固定在一起，确保作品的牢固性。对于幼儿园的孩子，可以使用热熔胶或安全针线进行固定。

三、布贴画的制作步骤

1. 设计图案

根据活动主题或幼儿的兴趣，设计一款简单且有趣的图案。例如，可以选择动物、植物或童话故事中的角色作为创作对象。

2. 准备材料

准备足够数量的不同颜色和纹理的布料，以及剪刀、裁纸刀、针线、热熔胶等制作工具（见图 3-22）。

图 3-22　制作布贴画时应准备的材料

3. 剪裁布料

按照设计好的图案，指导幼儿使用剪刀或裁纸刀将布料剪裁成相应的形状。

4. 拼贴图案

引导幼儿将剪裁好的布料按照设计拼贴在一起，形成完整的图案。

5. 固定作品

使用针线或热熔胶将拼贴好的布料固定在一起，确保作品的牢固性。

6. 展示交流

将完成的作品进行展示，让幼儿互相欣赏、交流创作心得。

制作布贴画时，应注意以下事项。

（1）安全第一：在制作过程中，确保幼儿的安全。使用剪刀等工具时，要有老师在一旁指导监督。

（2）材料选择：选择柔软、易剪裁的布料，以及适合幼儿使用的热熔胶或安全针线。

（3）作品保存：应将作品妥善保存，避免长时间暴露在阳光下或存放在潮湿的环境中。

四、动手做布贴画

1. 汉堡小狗

汉堡小狗布贴画的制作过程如图 3-23 所示。

示范视频

（a）选择布料的颜色	（b）用铅笔打底稿，剪裁出一大一小两个小狗的形状，并用白乳胶粘贴	（c）剪裁出小狗的耳朵和帽子，用白乳胶粘贴
（d）剪出菜叶的形状，用白乳胶粘贴	（e）剪出汉堡上的芝麻，用白乳胶粘贴	（f）剪出小狗的五官，用白乳胶粘贴，并打孔穿过钥匙圈

图 3-23　汉堡小狗布贴画的制作过程

2. 小幽灵

小幽灵布贴画的制作过程如图 3-24 所示。

示范视频

(a) 选择布料的颜色　　　　(b) 用铅笔打底稿，　　　　(c) 在另一个颜色的布料上
　　　　　　　　　　　　　　　剪出幽灵的形状　　　　　　　剪出一个相似的幽灵形状

(d) 剪出翅膀和光环，　　　　(e) 剪出眼睛和嘴巴，　　　　(f) 剪出舌头，用白乳胶粘贴，
　　　用白乳胶粘贴　　　　　　　　用白乳胶粘贴　　　　　　　并打孔穿过钥匙圈

图 3-24　小幽灵布贴画的制作过程

五、布贴画作品欣赏

如图 3-25 所示为一些常见的布贴画作品。

图 3-25　布贴画作品欣赏

六、手工文化讲堂

化腐朽为神奇——布贴画传承人陈光莹

　　山东济南的非物质文化遗产传承人陈光莹已经 77 岁了（见图 3-26），陈老师一辈子致力于布贴画，布贴画这种传统手工技艺在她手上不断发扬光大。陈氏布贴画是在传统手工技艺的基础上发展起来的新型艺术品，陈老师经过多年的潜心研究，打破了传统的规范和局限，创造出多种新的技法。欣赏陈氏布贴画，确有一种画面清新、超凡脱俗、"化腐朽为神奇"的艺术感染力，人们眼中的废布头经过陈老师之手在顷刻之间即可变换为精彩绝伦的布贴画作品。恪守传统、注重创新，精雕细刻、抓精求神，技艺是基础、细节是关键，这些既是陈氏布贴画的突出特点，也是陈氏布贴画艺术成就斐然的最好说明。图 3-27～图 3-31 均为陈老师的布贴画作品。

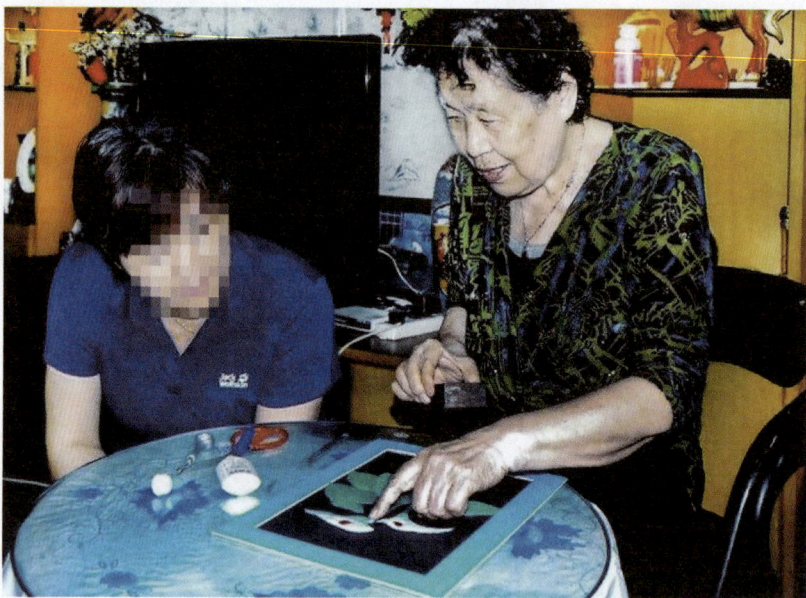

图 3-26　陈光莹

图 3-27　陈氏布贴画《西施》

图 3-28　陈氏布贴画《母子情深》

图 3-29　陈氏布贴画《老济南》

图 3-30　陈氏布贴画《岳母刺字》

图 3-31　陈氏布贴画《梅清鹤寿》

　　陈氏布贴画内容丰富，有民间传说、戏剧人物、民俗生活、动物、花卉和各种吉祥图案，富有浓郁的艺术特色，具有一定的审美价值、艺术价值和经济价值。每幅作品都具有唯一性和不可复制性，具有极高的艺术收藏价值。古诗有云"老骥伏枥，志在千里"，这或许是对布贴画传人陈光莹最好的诠释与写照。她坦言："我既是非物质文化遗产的践行者、探索者，又是非物质文化遗产布贴画的传承者与布道者。在有生之年，我会继续将民俗传统非物质文化遗产——陈氏布贴画发扬光大、普及民众、惠及百姓，让多姿多彩、清新隽永，极具民俗文化传统特质和文化符号的陈氏布贴画走向世界！"

七、布贴画制作活动方案设计

1. 活动背景

布贴画作为一种具有深厚历史底蕴和独特艺术魅力的手工艺品，能够帮助幼儿了解传统文化，培养动手能力和创造力。本次布贴画制作活动旨在通过布贴画手工活动的形式，让幼儿亲自参与布贴画的制作过程，感受其魅力，从而提高自己的审美素养和文化素养。

2. 活动目标

（1）让幼儿了解布贴画的起源、历史和发展现状，加深对传统文化的认识。
（2）培养幼儿的动手能力和创造力，提高审美素养和文化素养。
（3）通过小组合作和互动交流，增进幼儿之间的友谊。

3. 活动准备

（1）准备充足的布料、纸张、线材等制作材料，以及剪刀、针线、胶水等辅助工具。
（2）安排合适的活动场地，确保幼儿有足够的空间进行创作。
（3）邀请有经验的布贴画老师进行授课和现场指导。
（4）提前宣传并组织幼儿报名参加活动，确保参与人数和积极性。

4. 活动安排

（1）时间：本次活动计划为期一天，分为上午和下午两个时间段，共计八个课时。分为讲解、实践和展示三个环节。
（2）地点：多功能教室或手工活动室。
（3）参与人员：幼儿、教师、家长志愿者等。

5. 活动内容

（1）上午：介绍布贴画的基本概念和起源，展示优秀的布贴画作品，激发幼儿的学习兴趣；教授布贴画的基本制作技巧，包括剪裁、拼贴、缝制和装裱等步骤；幼儿动手制作简单的布贴画作品，体验制作过程。
（2）下午：分组进行布贴画创作，每组幼儿根据主题自由设计并制作布贴画作品；老师提供指导和帮助；展示各组的布贴画作品，进行互相评价和交流；总结活动成果，分享学习心得。

6. 安全注意事项

（1）使用剪刀和针线时，要确保幼儿在成人的监护下进行。
（2）避免使用过于锋利的工具，以免划伤手指。
（3）教育幼儿不要将剪刀和针线等工具当作玩具，使用完毕后要妥善存放。

7. 活动效果评估

可以通过以下几个方面评估活动的效果。
（1）参与度和积极性，观察幼儿在活动中的表现和互动情况。

（2）作品质量和创作能力，评价幼儿的动手能力和创造力。

（3）反馈和意见，收集幼儿对活动的评价和建议，为今后的活动改进提供参考。

8. 活动总结

活动结束后，对本次布贴画制作活动进行总结，回顾活动过程和成果，总结经验教训，为今后的活动提供借鉴和参考。同时，鼓励幼儿将所学的布贴画技艺运用到日常生活中，继续培养和发展自己的兴趣和爱好。

八、思考与实践

1. 遇到的问题及解决方法

在活动的过程中，会遇到布料起皱、线条不直等问题，为了解决这些问题，可以使用熨斗熨烫布料、使用画线工具辅助画线等方法。这些尝试可以在一定程度上解决上述问题，也可以使学生在实践中不断成长。

2. 与传统布艺的对比

与传统布艺相比，布贴画更注重图案的设计和色彩的运用。传统布艺往往更注重实用性和耐用性，而布贴画则更注重艺术性和观赏性。此外，布贴画的制作过程也相对简单，易于普及和推广。

3. 创新点与改进建议

在活动中，可以尝试一些创新性的技法，如使用不同颜色的线材进行缝制以表现色彩的层次感和立体感，尝试使用更多的新材料和新技术来丰富布贴画的表现力。同时，也可以深入研究传统文化元素，将其与现代审美相结合，创作出更具时代特色的布贴画作品。

九、任务总结

通过学习制作布贴画手工艺品，可以提升与发展幼儿以下几个方面的能力。

1. 动手能力

通过亲手制作布贴画手工艺品，可以锻炼幼儿的动手能力，提高手指的灵活性和协调性。

2. 审美能力

在制作布贴画手工艺品的过程中，幼儿需要选择颜色、纹理合适的布料进行拼贴，这有助于培养他们的审美能力和色彩搭配能力。

3. 合作意识

在制作布贴画手工艺品时，可以鼓励幼儿共同创作，以培养他们的团队合作意识和集体荣誉感。

项目四　立体手工

知识目标

1. 通过立体手工活动，使幼儿对空间形态有基本的认知，能够理解立体结构与平面图形的关系，以及材料性质、色彩搭配、形状变化等基本概念。

2. 培养幼儿的实践操作能力，使幼儿能够运用所学知识，将平面材料转化为立体作品，加深对所学理论知识的理解与运用。

技能目标

1. 激发幼儿的创造力和想象力，鼓励幼儿在制作过程中尝试不同的设计思路和制作方法，培养幼儿的创新思维和解决问题的能力。

2. 提高幼儿的动手能力，包括剪裁、粘贴、拼接等精细动作，使幼儿的手部肌肉得到锻炼，提高动作的准确性和协调性。

素质目标

1. 通过立体手工活动，引导幼儿欣赏美、创造美，培养幼儿的审美情趣和审美能力，促进幼儿全面发展。

2. 在立体手工的制作过程中，鼓励幼儿进行小组合作，培养幼儿的团队协作意识和沟通能力，让幼儿学会与同伴共同完成任务。

3. 引导幼儿认识到废旧物品的价值，鼓励使用废旧材料进行手工制作，培养幼儿的环保意识，教育幼儿珍惜资源、保护环境。

4. 通过制作具有民族特色和文化内涵的手工作品，引导幼儿了解和传承中华优秀传统文化，增强幼儿的民族自豪感和文化自信。

任务一　超轻黏土

一、超轻黏土概述

超轻黏土是纸黏土的一种，也叫弹跳泥。这种黏土在日本相当盛行，是一种新型环保、无毒、自然风干的手工造型材料。超轻黏土是先运用高分子材料发泡粉（真空微球）进行发泡，再与聚乙醇、交联剂、甘油、颜料等材料按照一定的比例混合制成的。它具有超轻、超柔、超干净、不黏手的特点，且颜色种类丰富、混色容易、易操作。

1. 起源

超轻黏土最早诞生于德国，后来逐渐传遍整个欧洲，并经过日本、韩国等地传到中国。如今，它已成为一种广受欢迎的手工制作材料，被广泛应用于学校、幼儿园、家庭等场所的手工制作活动中。

2. 材料特性

超轻黏土的可塑性强、色彩艳丽，制作者可以自由揉捏、随意创作。超轻黏土非常适合幼儿用于手工制作，同时也可以作为成年人的减压放松工具。此外，超轻黏土是一种无毒、无味、无刺激性的新型环保工艺材料，符合多项环保标准。

3. 保存与使用

保存黏土时，应将其放置在密封的容器中，避免阳光直射和潮湿的环境。使用前，可以将黏土揉捏均匀，使其更加柔软。同时，要注意不要让黏土接触到眼睛、口腔等敏感部位，以防意外发生。

二、超轻黏土的基本技法

超轻黏土是一种常见的手工材料，使用时需要注意以下事项。

（1）选择合适的工具：使用超轻黏土进行手工制作时需要用到切割板、压泥板、七本针、尖头针、扁刀、剪刀、擀泥棒等工具，可以根据个人需求和预算进行购买（见图4-1）。

（2）控制用量：在使用超轻黏土之前，应根据需要制作的作品估计所需的黏土用量。如果一次性使用的黏土过多，可能会导致作品变形或开裂。

（3）注意保存：未使用的超轻黏土需要妥善保存，避免受潮或暴晒。

（4）等待时间：在制作超轻黏土作品时，需要等待黏土变干后再进行下一步操作，如果心急提前进行塑形，可能会导致作品变形或开裂。

使用超轻黏土进行手工制作时应具备一定的技巧和耐心，幼儿可以先从简单的造型开始练习，然后逐渐掌握制作要领。

三、超轻黏土的制作步骤

1. 制作过程

（1）取出黏土后要充分拉伸，让黏土中的水油平均分布，并拉伸出黏土细腻的状态。

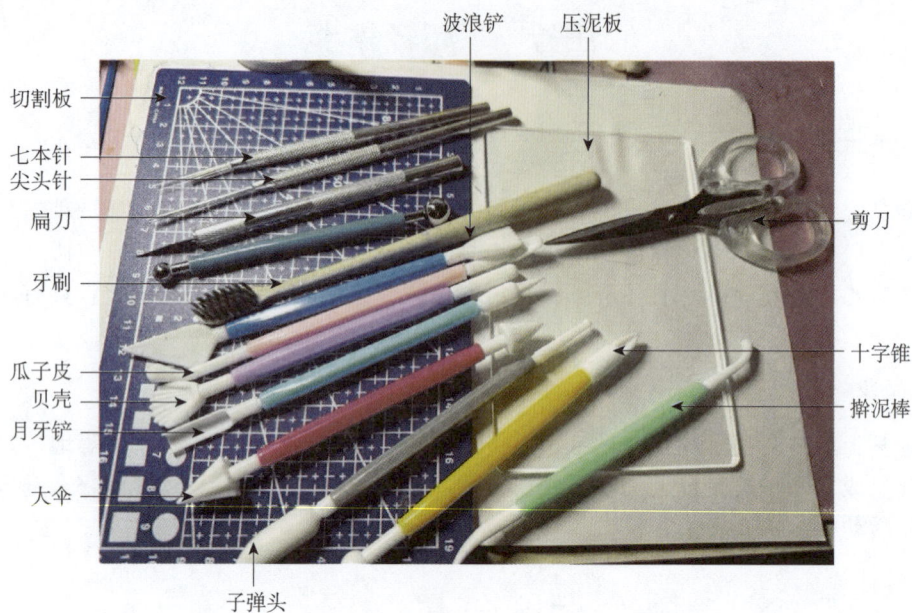

波浪铲　压泥板

切割板

七本针
尖头针

扁刀

牙刷

剪刀

瓜子皮
贝壳
月牙铲

十字锥

撑泥棒

大伞

子弹头

图 4-1　超轻黏土制作工具

（2）用力挤压排出黏土中的空气，揉圆时才能得到表面光滑的黏土，表面光滑后才可以塑造出各种形状。

2. 黏土调色

用超轻黏土制作手工作品时，有时需要给黏土调色。可以先从市面上购买如图 4-2 所示的原始颜色的超轻黏土，再在此基础上将原始颜色的超轻黏土按照一定的比例混合揉捏得到想要颜色的超轻黏土。

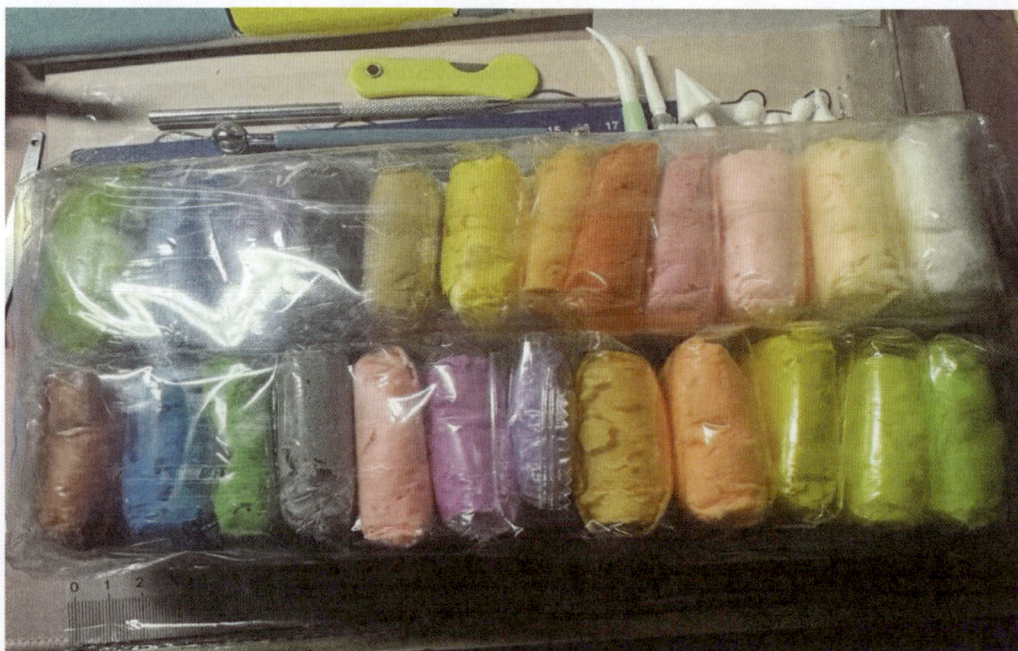

图 4-2　原始颜色的超轻黏土

如图 4-3、图 4-4、图 4-5 所示是具体的颜色配比示意图。

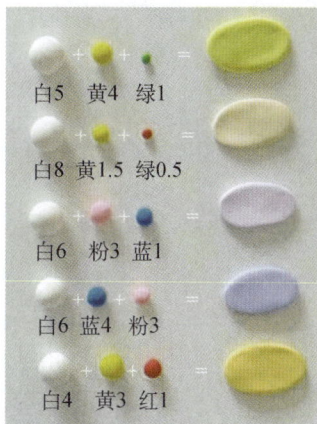

白5 ＋ 黄4 ＋ 绿1 ＝

白8 黄1.5 绿0.5

白6 ＋ 粉3 ＋ 蓝1 ＝

白6 ＋ 蓝4 ＋ 粉3 ＝

白4 ＋ 黄3 ＋ 红1 ＝

图 4-3　配色比例 1

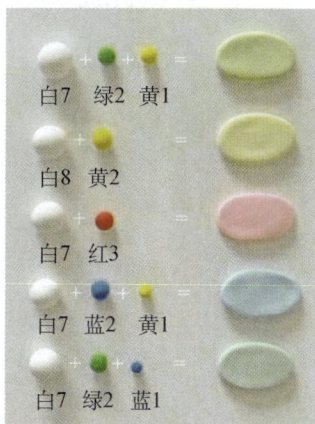

白7 ＋ 绿2 ＋ 黄1 ＝

白8 黄2

白7 红3

白7 ＋ 蓝2 ＋ 黄1 ＝

白7 ＋ 绿2 ＋ 蓝1 ＝

图 4-4　配色比例 2

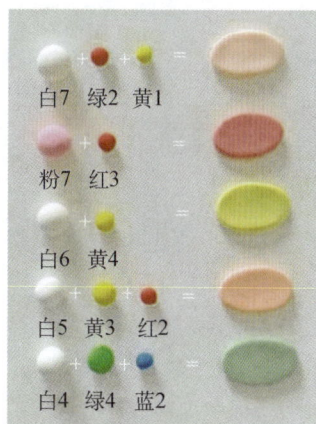

白7 ＋ 绿2 ＋ 黄1 ＝

粉7 红3

白6 黄4

白5 ＋ 黄3 ＋ 红2 ＝

白4 ＋ 绿4 ＋ 蓝2 ＝

图 4-5　配色比例 3

四、动手做超轻黏土

1. 四个小可爱

四个小可爱超轻黏土的制作过程如图 4-6 所示。

示范视频

（a）准备一个相框和四块不同颜色
的黏土

（b）将四块不同颜色的黏土与白色
黏土充分融合

（c）将黏土均匀填满相框

（d）另取四块黏土并捏出卡通人物
的大致形状

（e）捏出卡通人物的耳朵

（f）给卡通人物加上五官

（g）捏出卡通人物手中的水果　　　　（h）用白色黏土在相框中间进行装饰　　　（i）用黏土做出花朵装饰相框

图 4-6　四个小可爱超轻黏土的制作过程

示范视频

2. 小花蛋糕

小花蛋糕超轻黏土的制作过程如图 4-7 所示。

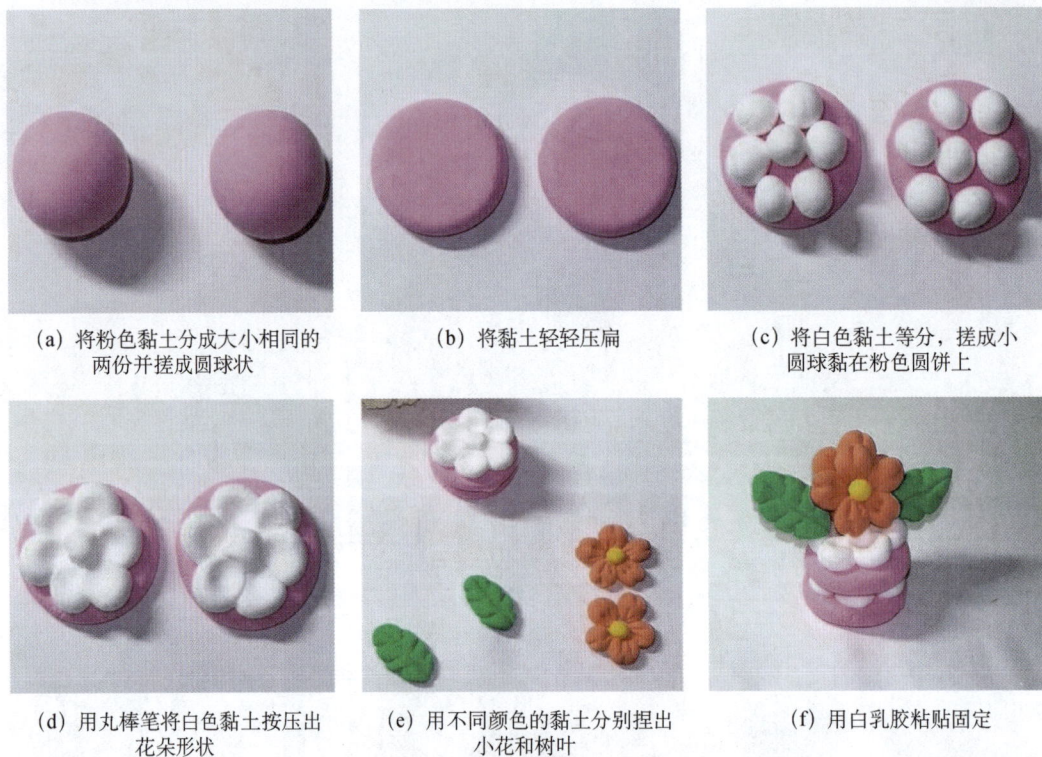

（a）将粉色黏土分成大小相同的　　　　　（b）将黏土轻轻压扁　　　　　　（c）将白色黏土等分，搓成小
　　　两份并搓成圆球状　　　　　　　　　　　　　　　　　　　　　　　　　　圆球黏在粉色圆饼上

（d）用丸棒笔将白色黏土按压出　　　　（e）用不同颜色的黏土分别捏出　　　（f）用白乳胶粘贴固定
　　　花朵形状　　　　　　　　　　　　　　　小花和树叶

图 4-7　小花蛋糕超轻黏土的制作过程

3. 龙年装饰画

龙年装饰画超轻黏土的制作过程如图 4-8 所示。

示范视频

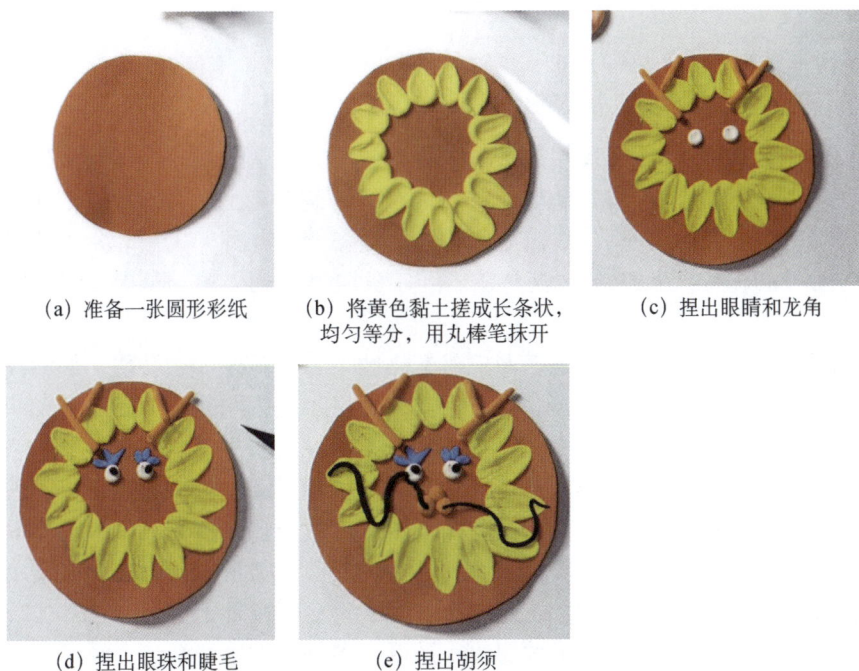

(a) 准备一张圆形彩纸　　(b) 将黄色黏土搓成长条状，　(c) 捏出眼睛和龙角
　　　　　　　　　　　　　均匀等分，用丸棒笔抹开

(d) 捏出眼珠和睫毛　　(e) 捏出胡须

图 4-8　龙年装饰画超轻黏土的制作过程

五、超轻黏土作品欣赏

如图 4-9 所示是本书作者制作的一些超轻黏土作品。

图 4-9　超轻黏土作品欣赏

六、手工文化讲堂

古老的中国手工艺术——泥塑

泥塑艺术是中国的一种传统民间艺术，它是以泥土为原料，以手工捏制成形的一种雕塑工艺品，或素或彩，通常以人物、动物为主。制作方法是在泥土里掺入少许棉花纤维，捣匀后，捏制成各种人物的泥坯，阴干后涂上底粉，再施彩绘。此外，国家非常重视对非物质文化遗产的保护，2006 年 5 月 20 日，泥塑艺术经国务院批准列入第一批国家级非物质文化遗产名录。

我国泥塑艺术可追溯至新石器时期，史前文化地下考古就有多处发现，如浙江河姆渡文化遗址出土的陶猪、陶羊，河南新郑裴李岗文化遗址出土的古陶井及泥猪、泥羊头，可以确认是人类早期手工捏制的艺术品。

自新石器时期之后，中国泥塑艺术一直没有间断，发展到汉代已成为重要的艺术类型。考古工作者从两汉墓葬中发掘了大量的文物，其中有为数众多的陶俑、陶兽、陶马车、陶船等，其中有手捏的，也有模制的。汉代先民认为亡灵如人生在世，同样有物质需求，因此丧葬习俗中需要大量的陪葬品，这在客观上推动了泥塑的发展和演变。

两汉以后，随着道教的兴起和佛教的传入，以及多神化的奉祀活动，社会上的道观、佛寺、庙堂兴起，直接促进了对泥塑雕像的需求和泥塑艺术的发展。到了唐代，泥塑艺术达到了顶峰，被誉为雕塑圣手的杨惠之就是杰出的代表，他与吴道子同师张僧繇，道子学成，惠之不甘落后，毅然焚毁笔砚，奋发专攻塑，终成名家，为当世人称赞："道子画，惠之塑，夺得僧繇神笔路"。

泥塑艺术发展到宋代，不但宗教题材的大型佛像继续繁荣，小型泥塑玩具也发展起来。有许多人专门从事泥人制作，并将泥人作为商品出售。北宋都城著名的泥玩具"磨喝乐"在七月七日前后出售，平民百姓买来"乞巧"，达官贵人买来供奉玩耍。如图 4-10 所示是泥塑作品。

元代之后，泥塑艺术品在社会上仍然流传不衰，尤其是小型泥塑，既可观赏陈设，又可让儿童玩耍。至清代，泥塑形成南北两个著名流派：北方有天津"泥人张"，南方有无锡惠山泥人。其他地方的泥塑艺术品，如陕西凤翔、河北唐山、山东高密等也各有特色。

天津"泥人张"彩塑流传发展至今已有 180 年的历史。"泥人张"指天津的张长林，是捏塑世家，作品以写实为特色，人物造型、音容笑貌、色彩装饰无不强调一个"像"字。其子张兆荣、孙张景桔继承祖业，继续为中国彩塑艺术作贡献。其间，经过创始、发展、繁荣、濒危、再发展等几个时期，几经波折，"泥人张"彩塑艺术逐渐走向成熟，被民间、宫廷，乃至世界认可，在我国民间美术史上占有重要的地位。如图 4-11 所示是"泥人张"彩塑作品。

"泥人张"彩塑作品的题材广泛，或反映民间习俗，或取材于民间故事、舞台戏剧，或直接取材于《水浒传》《红楼梦》《三国演义》等古典文学名著。所塑作品不仅形似，而且以形写神，达到了神形兼具的境地。"泥人张"彩塑用色简雅明快，用料讲究，所捏的泥人历经久远，不燥不裂，栩栩如生，在国际上享有盛誉。

惠山泥人可分为两类：一类是供儿童玩耍的"泥耍货"，其造型丰满活泼、浑厚简练，色彩明朗热烈，富有浓厚的乡土气息，"大阿福"是其典型代表（见图 4-12）；另一类是"手捏戏文"，主要塑造戏曲人物，这类泥人注重神态的刻画，造型适当夸张，表现技法精练，色彩纯朴、浑厚，富有江南地方特色（见图4-13）。

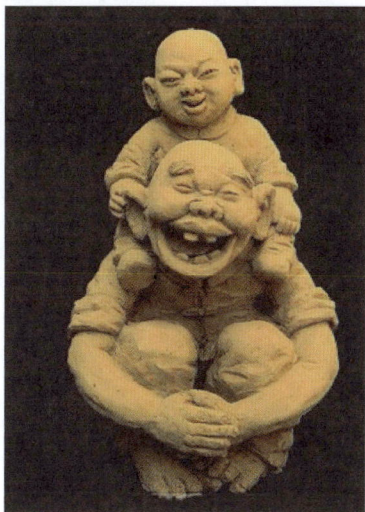

图 4-10　泥塑作品

图 4-11　"泥人张"彩塑作品

图 4-12　惠山泥人"大阿福"

图 4-13　惠山泥人"手捏戏文"

　　凤翔的彩绘泥塑（见图4-14）历史悠久、造型优美、生动逼真，具有浓厚的乡土生活气息。泥塑内容有人物、动物，也有植物，大多是空心的圆塑作品，也有浮雕式的挂片。

　　玉田泥塑（见图4-15）以泥玩具为主，以苇哨作响，以皮筋牵动使动物能跑能跳，以兔皮作鼓，摇起来有声，情趣盎然。其传统作品有《孙悟空》《花老虎》《秦琼》《麒麟送子》等，造型单纯奇妙，稚拙有趣，色彩鲜艳醒目，对比强烈协调。此外，另一类玉田泥塑是案几陈设品，多为神话故事、历史演义、戏曲故事中的人物造型，如《麻姑献寿》《八仙过海》《贵妃醉酒》等。还有一类是不倒翁，俗称"搬不倒"，下用半圆泥团，上用纸浆石膏胎造型，上轻下重，摇而不倒，憨态可掬，惹人喜爱。

图 4-14　凤翔泥塑

高密泥塑（见图 4-16）已有 400 多年的历史。明朝隆庆、万历年间，当地的农民用泥做成一种叫"锅子花"（也称泥墩子）的焰火出售，后来又把装火药的泥坯塑成娃娃形状，焰火放过以后，再当作玩具或装饰品。之后泥塑的品种逐渐增多，包括动物和传奇故事等，并涂以丰富的颜色，使其生动活泼。

图 4-15　玉田泥塑

图 4-16　高密泥塑

七、超轻黏土活动方案设计

1. 活动背景

黏土的塑形技巧简单易学，幼儿通过揉、捏、搓、拉等基本动作，可以将黏土塑造成各种形状。此外，还可以使用工具如刀、刮板、模具等进行更精细的塑形。

通过本次活动能够帮助幼儿了解传统文化，培养动手能力和创造力。本次活动旨在通过让幼儿亲自使用超轻黏土制作手工艺品，感受其魅力，从而提高幼儿的审美素养和文化素养。

2. 活动目标

（1）培养幼儿的动手能力和创造力。

（2）通过超轻黏土活动，提升幼儿的观察力和审美水平。

（3）让幼儿感受泥土塑形的乐趣，加深对传统手工技艺的了解。

3. 活动准备

（1）准备充足的超轻黏土（多种颜色）、工作台（或桌面）、塑料刀、擀面杖、模具等塑形工具，以及一次性手套（保护手部卫生）、防水围裙（保护衣物）、作品展示板或托盘等辅助工具。

（2）安排合适的活动场地，确保有足够的创作空间。

（3）邀请有经验的超轻黏土制作老师进行授课和现场指导。

（4）提前宣传并组织幼儿报名参加活动，确保参与人数和积极性。

4. 活动安排

（1）时间：本次活动计划为期半天，共计四个课时。

（2）地点：幼儿园多功能教室或手工活动室。

（3）参与人员：幼儿、教师、家长志愿者等。

（4）活动流程设计：

① 导入环节：向幼儿介绍超轻黏土，展示一些作品，激发幼儿兴趣。

② 基础塑形教学：教师演示基本的黏土塑形方法，如揉、捏、搓、拉等。

③ 自由创作：幼儿选择自己喜欢的颜色，根据教师的指导自由创作。

④ 创意引导：教师根据幼儿的作品进行创意引导，帮助幼儿完善作品。

⑤ 作品展示：将完成的作品放在展示板或托盘上，让幼儿相互欣赏、评价。

5. 活动内容

（1）超轻黏土手工基础知识介绍：介绍超轻黏土的历史、特点、应用领域等。

（2）基本技巧讲解与示范：教授幼儿如何正确使用超轻黏土，掌握基本的制作技巧。

（3）创意引导：

① 启发想象：通过故事、音乐、图片等媒介，激发幼儿的想象力，引导他们将想象转化为黏土作品。

② 问题引导：在活动中提出一些问题，如"你想做什么动物？""你能用黏土表现它的哪些特点？"等，引导幼儿思考并尝试解决问题。

③ 示范引导：教师展示一些简单的黏土作品，鼓励幼儿模仿并在此基础上进行创新。

（4）手工制作实践：分组进行手工制作，幼儿可以自由选择主题，如小动物、植物、传统文化元素等。

（5）作品展示与评价：幼儿展示自己的作品，互相评价，分享制作心得。

6. 安全注意事项

（1）在活动前，确保幼儿穿上防水围裙和一次性手套，以防黏土沾染衣物和手部。

（2）提醒幼儿不要将黏土放入口中，以防误食。

（3）教师要随时关注幼儿的活动情况，防止黏土误入眼鼻等敏感部位。

7. 活动效果评估

可以通过以下几个方面评估活动的效果。

（1）参与度和积极性。观察幼儿在活动中的表现和互动情况。

（2）作品质量和创作能力。评价幼儿的动手能力和创造力。

（3）反馈和意见。收集幼儿对活动的评价和建议，为今后的活动改进提供参考。

8. 活动总结

活动结束后，对本次超轻黏土手工活动进行总结，回顾活动过程和成果，总结经验教训，为今后的活动提供借鉴和参考。同时，鼓励幼儿将所学的超轻黏土手工技艺运用到日常生活中，继续培养和发展自己的兴趣和爱好。

八、思考与实践

1. 活动收获

通过本次超轻黏土活动，幼儿不仅锻炼了动手能力，还培养了观察、思考和创意表达能力。通过创作超轻黏土作品，让幼儿体验到了创作的乐趣，同时也激发了他们对艺术的兴趣。

2. 创意实施难点

在超轻黏土活动的实施过程中发现，幼儿的创意想象力虽然丰富，但在实际操作中往往难以表达。此外，由于超轻黏土的塑形需要一定的技巧，部分幼儿在操作时遇到了一些困难。因此，如何更好地引导幼儿将创意转化为实际的超轻黏土作品，是教师需要思考和改进的地方。

3. 安全卫生意识

在超轻黏土活动中应强调安全卫生意识。幼儿在创作过程中需要佩戴一次性手套，避免超轻黏土直接接触皮肤；同时，活动结束后应及时组织幼儿洗手，确保他们的卫生安全。

4. 幼儿互动体验

超轻黏土活动为幼儿提供了一个良好的互动平台。在创作过程中，幼儿之间可以相互交流、分享自己的作品和创意，这种互动不仅增强了幼儿之间的友谊，还激发了他们的创作灵感。

5. 教师引导策略

在超轻黏土活动中，教师的引导策略至关重要。教师应注重启发幼儿的创意思维，鼓励他们大胆尝试、勇敢表达。同时，教师也应根据幼儿的实际情况，提供个性化的指导和帮助，确保每个幼儿都能在活动中得到成长和进步。

6. 创新能力培养

超轻黏土活动是培养幼儿创新能力的重要途径。通过让幼儿自由创作、发挥想象，可以激发他们的创新潜能，培养他们的创新意识和能力。

7. 实际操作反思

在实际操作的过程中，也会遇到一些问题和挑战。如部分幼儿在操作时缺乏耐心和细心，导致作品质量不高；另外，由于幼儿的年龄较小，他们的注意力和专注力也需要进一步加强。针对这些问题，教师需要在活动中加强引导，帮助幼儿克服这些困难。

8. 活动效果评估

通过超轻黏土活动的开展和实践，幼儿在动手能力、创意表达、互动体验等方面都得到了有效的提升和锻炼。同时，通过反思活动中存在的问题和不足，可以给未来的活动改进和优化提供宝贵的参考和借鉴。

九、任务总结

超轻黏土活动是一个富有创意和启发性的幼儿教学活动，它旨在将传统文化与现代手工艺术相结合，通过动手实践的方式，让幼儿在创作中感受文化的魅力，培养他们的审美能力和创造力。

在制作的过程中，教师可以鼓励幼儿发挥想象力和创造力，尝试创作出具有个性和创意的超轻黏土作品。同时，也可以引导幼儿关注生活中的美好事物和传统文化元素，将这些元素融入作品中，让作品更具文化内涵和艺术价值。

通过本次超轻黏土活动，幼儿可以亲手制作出具有中国传统文化特色的超轻黏土作品，不仅提高了他们的手工技能和创造力，还让他们在创作中感受到了传统文化的魅力和价值。同时，这个活动也有助于培养幼儿的审美能力和文化自信心，让他们更加热爱中华优秀传统文化。

任务二 石塑软陶

一、石塑软陶的概述

石塑软陶是一种独特的黏土材料，具有柔软、易塑形、稳定性好等特点，适用于制作手工艺品、摆件及对细节要求较高的艺术作品。

1. 材料特性

石塑软陶是一种较为柔软的黏土，可塑性强、色彩丰富的手工艺材料。它结合了陶瓷和塑料的特点，易于塑形、烘烤后固化，具有长久的保存性。石塑软陶不仅可以锻炼孩子们的动手能力，还能激发他们的创造力和想象力。这种黏土的质地和适用范围与一般的石塑黏土有所不同，一般的石塑黏土通常适用于对细节要求较高的雕塑作品，而软陶则更适合制作手工艺品和摆件。

2. 优点

石塑软陶可以被塑造成各种形状和纹理，并且容易操作，适用于各个年龄段，因此其在艺术创作和手工艺制作中具有广泛的应用。此外，软陶在烘干后具有较好的稳定性，不易变形，方便长期保存，因此也是制作艺术品和装饰品的理想选择。

3. 缺点

石塑软陶也有其独特的性质，例如，它在烘干前需要一定的时间来塑形，并且在烘干的过程中需要注意温度和时间，以避免变形或开裂。此外，石塑软陶的价格相对较高，可能不是所有人都能轻易接触到的材料。

二、石塑软陶的基本制作技法

（1）捏前先涂一层护手霜，这样手心不容易有黏土结块，可以提升制作手感。

（2）刚切出来的黏土要先拉一拉、挤一挤，排出空气，使黏土干燥一些，不然黏土很难被搓平滑。

（3）用酒精棉片擦掉捏的过程中的灰尘。

（4）先学会捏基础形状，再在基础形状上捏出更复杂的形状和造型。

三、石塑软陶的制作步骤

1. 材料准备与选择

在制作石塑软陶作品前，需要准备好必要的材料和工具。材料为石塑软陶（见图4-17），这是制作的基础，有不同的颜色和种类可供选择。此外，还需要准备一些基本的塑形工具，如刀、刮刀、切割线、雕刻工具等，这些工具有助于造型的塑造和细节的刻画。

图 4-17　石塑软陶

2. 基本塑形技巧

石塑软陶的基本塑形技巧包括揉、捏、搓、拉等，根据设计需求，将这些基本塑形技巧组合使用，可以创造出丰富多样的形状和结构。

3. 纹理与印模制作

纹理与印模是石塑软陶作品的重要元素，它们可以为作品增添独特的艺术气息。可以使用工具，如纹理滚轮、纹理板等来制作不同样式的纹理。同时，也可以使用印模工具（见图 4-18），如印章、指纹等来制作印模效果。

图 4-18 印模工具

4. 色彩搭配与上色

石塑软陶作品的色彩搭配与上色也是制作过程中不可或缺的一步。制作者可以根据设计需要选择适当的颜色进行搭配，创造出丰富的视觉效果。在上色时，需要注意色彩的均匀性和层次感，以使作品看起来更加生动。如图 4-19 所示是制作石塑软陶作品时使用的上色工具。

图 4-19 上色工具

5. 细节修饰与增强

石塑软陶烘烤固化后可能需要进行一些细节修饰和增强，包括打磨不平整的表面，添加一些装饰元素，如珠子、小饰品等，以增加作品的趣味性和视觉冲击力。如图 4-20 所示是制作石塑软陶作品时可以使用的一些细节修饰工具。

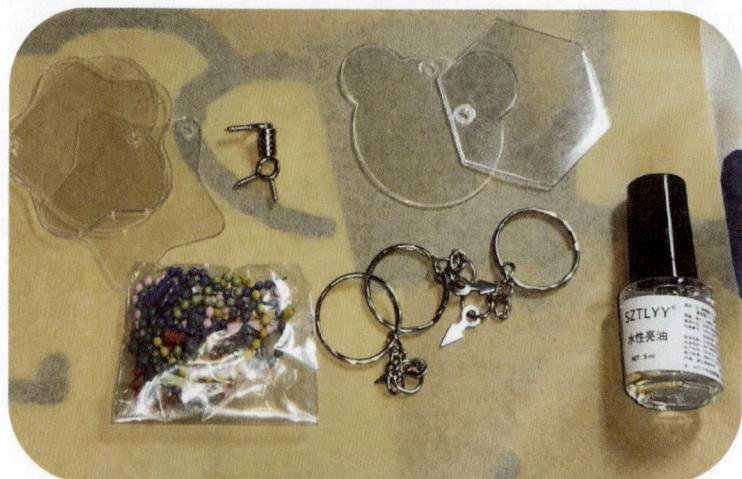

图 4-20 细节修饰工具

6. 作品的保存与展示

作品的保存与展示也是石塑软陶作品制作过程中非常重要的一步。石塑软陶作品的保存需要一个合适的环境，应避免阳光直射和高温。此外，也需要选择一个合适的展示方式，让作品能够更好地展现出其独特的魅力。

四、动手做石塑软陶

1. 石塑软陶小熊

石塑软陶小熊的制作过程如图 4-21 所示。

示范视频

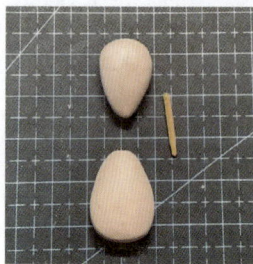

(a) 捏两个三角形做身体

(b) 用牙签连接两个三角形并抹平

(c) 捏出两个小耳朵

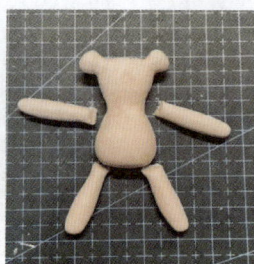

(d) 捏出圆条胳膊和腿

(e) 涂上喜欢的颜色

(f) 涂抹亮油并加上羊角钉和挂绳

(g) 自然风干

图 4-21 石塑软陶小熊的制作过程

2. 石塑软陶桃子

石塑软陶桃子的制作过程如图 4-22 所示。

示范视频

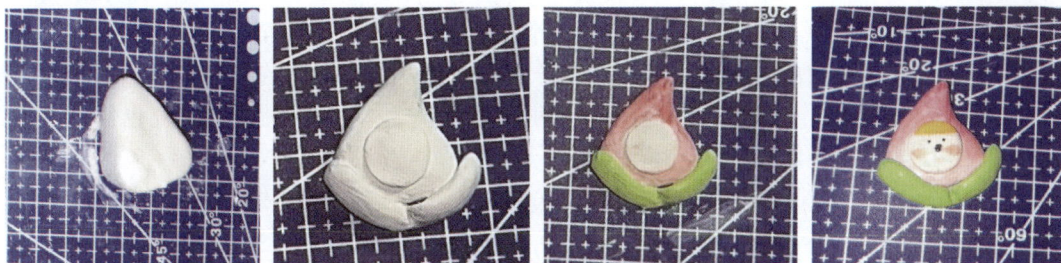

（a）捏出一个三角形做身体　　（b）加上底部的叶子和　　（c）涂上喜欢的颜色　　（d）画上五官，涂上亮油
　　　　　　　　　　　　　　白色圆饼并用湿巾抹平纹路

图 4-22　石塑软陶桃子的制作过程

五、石塑软陶作品欣赏

如图 4-23 所示是石塑软陶作品。

图 4-23　石塑软陶作品欣赏

六、手工文化讲堂

文化瑰宝——中国陶瓷

陶瓷是陶器和瓷器的总称。在中国，制陶技艺的产生可追溯至公元前4500年，可以说，中华民族发展史中的一个重要的组成部分就是陶瓷发展史，中国人在科学技术上的成果及对美的追求与塑造，在许多方面都是通过陶瓷的制作来体现的。此外，陶瓷也代表了中国各个时期典型的陶瓷制作技术与艺术特征。

1. 陶器

陶器（见图4-24）是用泥巴（黏土）成形晾干后入窑火烧而成的，是泥与火的结晶。我们的祖先对黏土的认识是由来已久的，早在原始社会的生活中，祖先们处处离不开黏土，他们发现被水浸湿后的黏土有黏性和可塑性，晒干后会变得坚硬，并且发现晒干的泥巴被火烧之后会变得更加结实、坚硬，而且可以防水，于是陶器就随之产生了。陶器的发明揭开了人类利用自然、改造自然、与自然做斗争的新的一页，具有重大的历史意义，是人类生产发展史上的一个里程碑。

中国最早的陶器资料出现于新石器时代早期。1962年发现于江西万年县仙人洞遗址的圆底罐，据放射性碳素断代为公元前6875±240年，系夹砂红陶，质地较粗糙，外表饰绳纹。公元前5500年～公元前4900年的裴李岗文化的陶器多为泥质或夹砂红陶（图4-25），也有少量灰陶，多用泥条盘筑法成型；器形有杯、碗、盘、钵、壶、罐等，其中以三足钵、双耳壶最有代表性；其纹饰有弧线纹、划纹、指甲纹、乳钉纹、绳纹等。公元前5400年～公元前5100年的磁山文化的陶器（见图4-26）除仍用泥条盘筑法外，还出现了捏塑法，陶质以夹砂为主，有红、灰、褐、灰褐等色，同时出现了豆、盂、支架等新器形，部分器物表面饰有绳纹、篦纹、剔刺纹、划纹、乳丁纹等。发现于甘肃省秦安县大地湾的大地湾文化（公元前5200年～公元前4800年）的陶器（见图4-27）以夹细砂红陶为主，器形有圈足碗、三足钵、三足罐等；较之上述陶器不同的是，大地湾文化的陶器中，部分器物有外红里黑或两面红中间黑的现象，较为别致；其纹饰有网状交叉绳纹、锯齿纹等。新石器时代中晚期的仰韶文化、马家窑文化、大汶口文化、龙山文化等文化遗址中出土了大量的陶器，如图4-28～图4-31所示。

图4-24　陶器　　　　图4-25　裴李岗文化陶器　　　　图4-26　磁山文化陶器

图 4-27　大地湾文化
彩陶瓶

图 4-28　仰韶文化鹿纹彩陶盆

图 4-29　马家窑文化叶形
纹彩陶铃

　　商代以后，出现了用高岭土烧制的原始青瓷，由于瓷器在质量及使用寿命上均优于陶器，因此获得了迅速的发展。至南北朝时期已成为人们日常使用的主要器皿，随着制瓷技术的提高，瓷器得到了飞跃性的发展，成为中国工艺美术中的主要门类。随着瓷器的发展，陶器已逐渐失去了以往的规模，在器物的造型和装饰上较之彩陶、黑陶等已相去甚远，唯战国的暗纹陶，秦汉的釉陶和作为明器用的陶制建筑、舟车，唐代的三彩等较为常见。其中唐三彩（见图 4-32）是一种施挂彩釉的低温铅釉陶器，多用黄、绿、褐等色彩，故称三彩；其品种有器皿及人物俑、动物俑等，其中器皿种类繁多，造型新颖别致，设计巧妙，加之绚丽的色彩，遂使唐三彩成为中国陶器工艺中的一枝奇葩，受到人们的普遍喜爱，直到现代仍有仿唐三彩的生产。此外，战国、秦汉、唐朝等的瓦当、砖、陶俑及近现代江苏宜兴、广东石湾、四川荣昌等地的民间陶器也以其精美的纹饰、生动的造型和清新质朴的风格，在中国工艺史上占有重要的地位。

图 4-30　大汶口文化黑陶

图 4-31　龙山文化
黑陶高柄杯

图 4-32　唐三彩

2. 瓷器

瓷器是由瓷石、高岭土、石英石、莫来石等烧制而成，外表施有玻璃质釉或彩绘的器物。瓷器的成型需要在窑内经过高温（1280℃～1400℃）烧制，瓷器表面的釉色会根据温度的变化而变化。

中国是瓷器的故乡，瓷器是中国劳动人民的一个伟大创造。瓷器的发明是中华民族对世界文明的伟大贡献，大约在公元前16世纪中国就出现了早期的瓷器，因为其无论在胎体上，还是在釉层的烧制工艺上都尚显粗糙，烧制温度也较低，表现出原始性和过渡性，所以一般称其为"原始瓷"。

瓷器是由陶器发展演变而成的，宋代时，名瓷名窑已遍及大半个中国，是瓷业最为繁荣的时期。当时的汝窑（见图4-33）、官窑（见图4-34）、哥窑（见图4-35）、钧窑（见图4-36）和定窑（见图4-37）并称为宋代五大名窑，此外比较有名的还有柴窑（见图4-38）和建窑（见图4-39）。被称为瓷都的江西景德镇在元代出产的青花瓷是瓷器的代表，青花瓷（见图4-40）釉质透明如水，胎体质薄轻巧，洁白的瓷体上敷以蓝色纹饰，素雅清新，充满生机。青花瓷一出现便风靡一时，成为景德镇的传统名瓷之冠。与青花瓷共同并称四大名瓷的还有青花玲珑瓷（见图4-41）、粉彩瓷（见图4-42）和颜色釉瓷（见图4-43）。此外，还有雕塑瓷、薄胎瓷、五彩胎瓷等，均精美非常，各有特色。

图 4-33　汝窑瓷器　　　　图 4-34　官窑弦纹长颈瓶　　　　图 4-35　哥窑瓷器

图 4-36　钧窑天青釉紫斑双系瓷罐　　　图 4-37　定窑六出莲瓣纹盏托及杯　　　图 4-38　柴窑

五代天青釉

图 4-39　建窑供御款兔毫盏

图 4-40　青花瓷

图 4-41　青花玲珑瓷

图 4-42　清粉彩

图 4-43　颜色釉瓷

七、石塑软陶活动方案设计

1. 活动背景

为了丰富幼儿的课外生活，培养其动手能力和创新思维，现举办石塑软陶手工制作活动。本次活动旨在通过石塑软陶这一传统手工技艺，让幼儿近距离感受中华优秀传统文化的魅力，同时锻炼他们的观察力、思考能力和操作能力。

2. 活动目标

（1）让幼儿了解石塑软陶的历史渊源和文化背景。
（2）培养幼儿的动手能力和创新思维，提高审美水平。
（3）增进幼儿对中华优秀传统文化的认识和兴趣，传承和弘扬中华优秀传统文化。

3. 活动准备

（1）准备足够的石塑软陶材料、工具及制作所需的辅助材料。
（2）准备 PPT、视频等教学资料，帮助幼儿了解石塑软陶的相关知识。
（3）安排专业老师进行讲解和现场指导。
（4）准备展示区域，供幼儿展示自己的作品。

4. 活动安排

（1）时间：本次活动计划为期半天，共计 4 个课时。分为讲解、实践和展示三个环节。

（2）地点：多功能教室或手工活动室。

（3）参与人员：幼儿、教师、家长志愿者等。

5. 活动内容

（1）石塑软陶基础知识介绍：通过 PPT、视频等向幼儿介绍石塑软陶的起源、发展历程及制作技巧。

（2）亲手制作石塑软陶作品：在专业老师的指导下，让幼儿亲自动手制作石塑软陶作品，如小动物、小器具等。

（3）作品的展示与交流：幼儿将自己的作品进行展示，分享制作过程中的心得体会，相互学习、相互启发。

6. 安全注意事项

（1）在活动前，确保幼儿戴上一次性手套，以防石塑软陶沾染手部。

（2）提醒幼儿不要将石塑软陶放入口中，以防误食。

（3）教师要随时关注幼儿的活动情况，防止石塑软陶误入眼、鼻等敏感部位。

7. 活动效果评估

可以通过以下几个方面评估活动的效果。

（1）参与度和积极性。观察幼儿在活动中的表现和互动情况。

（2）作品质量和创作能力。评价幼儿的动手能力和创造力。

（3）反馈和意见。收集幼儿对活动的评价和建议，为今后的活动改进提供参考。

8. 活动总结

通过本次活动，幼儿不仅了解了石塑软陶这一传统手工技艺的历史和文化背景，还亲自动手制作了石塑软陶作品，锻炼了动手能力和创新思维。同时，本次活动还增进了幼儿对中华优秀传统文化的认识和兴趣，提升了他们的民族自豪感和文化自信心，这对于幼儿的全面发展和中华优秀传统文化的传承与弘扬具有重要意义。

八、思考与实践

1. 活动设计与效果

活动内容的丰富性和层次性使得幼儿在操作过程中既能够掌握基本技能，又能够发挥创意。同时，观察幼儿的作品和表现发现，幼儿在动手能力和创造力等方面都有了明显的提升。

2. 参与度分析

在教学过程中，可以注意到幼儿的参与度非常高，他们对石塑软陶材料充满好奇，积极参与各种塑形练习和创意造型设计。这种高参与度不仅使得课堂氛围活跃，也有效促进了幼儿的学习效果。

3. 创意与想象力培养

石塑软陶手工课为幼儿提供了一个发挥创意和想象力的平台。通过自由创作，幼儿可以将自己的想法和感受融入作品中。在教学过程中，教师应鼓励幼儿大胆尝试、勇于创新，让他们在实践中提升自己的创造力和想象力。

4. 技能学习与掌握

通过本次活动，幼儿逐渐掌握了石塑软陶的基本塑形技巧，如揉、捏、拉、卷等。同时，他们也学会了如何搭配和运用色彩使作品更加生动和富有美感，学习这些技能可以为幼儿未来的艺术创作奠定坚实的基础。

5. 安全与卫生教育

在本次活动的教学过程中，教师应高度重视安全与卫生教育，应讲解安全操作规范和卫生要求，引导幼儿养成良好的卫生习惯和安全意识。同时，在实践操作中，教师应严格监督幼儿的操作过程，确保他们能够在安全的环境下进行创作。

6. 作品展示与交流

活动结束后，可以组织一次作品展示与交流活动，让幼儿展示自己的作品，并与其他小朋友分享创作过程中的经验和感受。这次活动不仅可以增强幼儿的自信心和表达能力，也可以促进他们之间的相互学习和启发。

7. 反馈与改进建议

可以通过活动后的反馈了解幼儿对石塑软陶活动的满意程度。同时，也可以收集一些改进建议，如增加更多创意造型设计的素材、提供更多的实践机会等。这些建议将为进一步完善活动方案设计提供有益的参考。

8. 实践应用探索

除了课堂教学，还可以积极探索石塑软陶艺术在实践中的应用。例如，可以将石塑软陶与其他艺术形式相结合，如绘画、雕塑等，从而创造出更加丰富多彩的艺术作品。同时，也可以将石塑软陶引入幼儿园的节日庆典、主题活动中，为幼儿提供更多展示才华的机会和平台。通过实践探索，相信石塑软陶手工活动将在幼儿教育中发挥更加重要的作用。

九、任务总结

石塑软陶手工制作活动内容丰富有趣、实践操作性强，在活动过程中，教师可以鼓励幼儿发挥自己的想象力和创造力，尝试创作出具有个性和创意的石塑软陶作品。同时，也可以引导幼儿关注生活中的美好事物和传统文化元素，并将这些元素融入作品中，让作品更具文化内涵和艺术价值。

通过本次活动，幼儿可以亲手制作出具有中华优秀传统文化特色的石塑软陶作品，不仅有助于提高手工技能和创造力，还可以在创作中感受到中华优秀传统文化的魅力和价值。同时，这个活动也有助于培养幼儿的审美能力和文化自信心，让他们更加热爱中华优秀传统文化。

项目五 自然材料手工

知识目标

1. 认识和了解不同的自然材料（如树叶、石头、树枝、松果等）及其特性。
2. 学习自然材料的名称和分类方法，探索自然界中自然材料的颜色、形状、质地等的多样性。

技能目标

1. 发展幼儿的精细动作能力，如剪切、粘贴、拼贴、编织等手工技能。
2. 通过使用自然材料创作手工艺品，培养幼儿的观察力和想象力，提升幼儿解决问题的能力，鼓励他们在手工活动中尝试不同的方法和技巧。

素质目标

1. 培养幼儿的环保意识和可持续发展观念，通过使用自然材料让他们认识到资源的珍贵性和保护环境的重要性。
2. 增强幼儿对自然的尊重和爱护，通过亲自使用自然材料制作手工艺品，学会珍惜自然资源；培养幼儿的合作精神和社会责任感，鼓励他们在小组活动中互相帮助，共同完成手工艺品的制作。
3. 促进幼儿多方面能力的发展，培养幼儿成为有责任感和环保意识的小公民。

任务一　干花干果贴画

一、干花干果贴画的概述

1. 干花干果贴画的历史背景

干花是指经过干燥处理的花朵，保持了花朵的形状和颜色；干果是指经过干燥处理的植物果实。这些材料不仅易于保存，而且非常适合幼儿进行贴画活动，既能够培养幼儿的创造力，又能让幼儿更亲近自然。

干花干果贴画，又称自然贴画，是一种古老而美丽的艺术形式。它起源于人们对大自然的敬畏和热爱，通过收集和整理自然界中的材料，创造出富有生活气息和艺术美感的作品。这种艺术形式在世界各地都有出现，每个地区都有其独特的风格和特点。

2. 干花干果贴画的寓意和象征

干花干果贴画不仅是艺术的展现，更是文化的传承。每种花、果都有其独特的象征意义，如玫瑰代表爱情，桂花代表丰收，核桃代表智慧等。幼儿在制作贴画的过程中，可以学习到不同花、果的寓意，提升文化素养。

3. 不同国家和地区的干花干果贴画风格

世界各地的干花干果贴画风格各异，具有鲜明的地域特色。例如，中国的干花干果贴画注重意境和气韵，西方的干花干果贴画注重形式和色彩。通过欣赏不同风格的作品，可以让幼儿感受到世界文化的多样性和丰富性。

4. 干花干果贴画的环保意义

干花干果贴画是一种环保的艺术形式，它利用废弃的自然材料进行创作，既减少了垃圾的产生，又合理地利用了自然资源。通过制作干花干果贴画，可以培养幼儿的环保意识和节约意识，有助于他们从小养成良好的生活习惯。

随着人们对环保和传统文化的重视，干花干果贴画这种古老的艺术形式正在焕发新的活力。未来，可以将传统的干花干果贴画与现代艺术结合，探索其在服装设计、家居装饰等领域的应用，让这一传统艺术焕发新的生机。

二、干花干果贴画的基本技法

干花干果贴画是一种结合自然材料的艺术创作活动，以下是一些基本技法和制作步骤。

1. 干花干果的选择和保存

（1）干花干果的选择：选择色彩鲜艳、形状美观的干花，选择颜色均匀、形状饱满的干果，这些干花干果可以是自然风干的，也可以是购买的成品。

（2）干花干果的保存：应避免潮湿导致发霉或褪色以保持其质量和颜色。

2. 拼贴技法

（1）设计构图：在进行干花干果的拼贴之前，应先规划好画面的构图，确定要表现的主题和干花干果的布局。

（2）拼贴干花干果：将干花干果按照设计好的构图排列在底纸上，可以使用双面胶或胶水固定。

3. 粘贴技法

（1）固定干花干果：使用胶水将干花干果粘贴在底纸上，注意要均匀涂抹胶水，避免过多导致干花干果变形。

（2）干燥定型：粘贴完成后，需要让干花干果在卡纸上晾干，以确保作品的牢固性。

4. 配色技巧

（1）色彩搭配：在选择干花干果时，应考虑色彩的搭配，以达到和谐美观的效果。

（2）细节描绘：可以使用彩色笔或细头马克笔在干花周围添加细节，为花瓣上色，或者用金色、银色的笔创造出装饰效果。

三、干花干果贴画的制作步骤

1. 材料准备

准备干花干果、底纸、剪刀、胶水、胶枪和双面胶等工具，如图 5-1 所示。

图 5-1　准备材料和工具

2. 设计构图

规划好画面的构图和干花干果的摆放位置。

3. 剪裁干花干果

如果需要可以适当剪裁干花干果，以便更好地适应构图。

4. 拼贴干花干果

将干花干果按画面构图摆放在底纸上，并用胶水固定。

5. 装饰细节

在干花干果周围添加细节，增强作品的立体感和美观度。

6. 干燥定型

上述步骤完成后将作品放置在通风处干燥，确保干花干果粘贴牢固。

四、动手做干花贴画

1. 干花贴画1

干花贴画1的制作过程如图5-2所示。

示范视频

(a) 准备好制作干花贴画　(b) 根据构图在底纸上　(c) 继续进行装饰　(d) 用树叶摆成蝴蝶形状，
的材料　　　　　　　　　粘贴干花　　　　　　　　　　　　　　　　最后进行粘贴和干燥处理

图 5-2　干花贴画 1 的制作过程

2. 干花贴画2

干花贴画2的制作过程如图5-3所示。

示范视频

(a) 准备一个圆形树桩　(b) 在树桩上用热熔胶枪　(c) 继续用热熔胶枪粘贴　(d) 在树桩顶端粘上麻绳
　　　　　　　　　　　粘贴自己喜欢的干花　　自己喜欢的干花

图 5-3　干花贴画 2 的制作过程

五、干花干果贴画作品欣赏

如图5-4所示是一些常见的干花干果贴画作品。

图 5-4　干花干果贴画作品欣赏

六、手工文化讲堂

干果上的艺术——烙画葫芦

烙画葫芦又称烫画葫芦、火笔画葫芦，是一种独具特色的传统工艺美术品，比较知名的产地有山东、山西和安徽。

烙画葫芦即用烙铁在葫芦上熨出烙痕作画，烙画与葫芦融为一体能永久保存、收藏，艺术价值极高。烙画葫芦具有悠久的历史和独特的艺术风格，相传起源于汉代，后失传，清朝又兴起。创作烙画葫芦时除了要把握火候和力度，还应注重"意在笔先、落笔成形"。烙画葫芦不仅有中国画的勾、勒、点、染、擦、白描等手法，还可以熨出丰富的层次与色调，具有较强的立体感，酷似棕色素描和石版画，因此烙画葫芦既能保持传统绘画的民族风格（见图 5-5），又能达到西洋画严谨的写实效果（见图 5-6）。

图 5-5　民族风格烙画葫芦

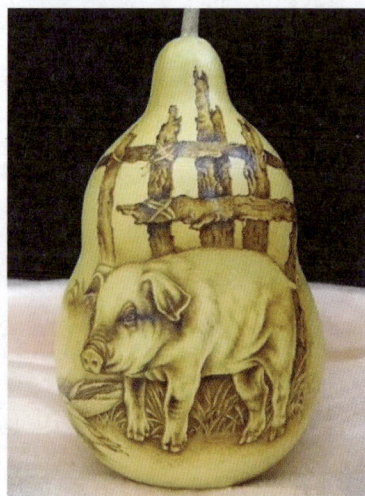

图 5-6　写实风格烙画葫芦

　　葫芦不仅在古代劳动人民的物质生活中占有重要地位，而且与文学、艺术、宗教、民俗、神话传说等的关系也十分密切，围绕葫芦形成的文化内涵，无疑是构成中华优秀传统文化的一个重要部分。中华民族几千年的灿烂文化博大精深，葫芦文化历经数千年的历史积淀，以其独特的历史渊源、深厚的文化内涵及广泛的群众基础在现代文化中仍占有重要的地位。

　　用葫芦制作的工艺品从明朝起即有文字记载。葫芦造型优美，无须人工雕琢就给人以喜气祥和的美感。清朝时兰州的"刻制葫芦"和"范制葫芦"曾达到很高的艺术水平，成为朝廷贡品。当时采取的"火烩工艺"将葫芦的木质材料与中国传统的烫画技法相结合，以烙铁代笔，运用国画的白描、工笔、写意等手法，在葫芦光滑坚硬的木质表皮上创作出人物、山水、花鸟、走兽等，如图5-7～图5-10所示，随着艺人对艺术的理解和对烙铁的娴熟运用，画面呈现出焦、黑、褐、黄、白等多种层次和国画渲染的效果，表现力非常丰富。

图5-7　人物

图5-8　山水

图5-9　花鸟

图5-10　走兽

葫芦的本色就有古画的基调，在葫芦上作画可以给人耳目一新、不媚不俗的感觉。烙画艺术使葫芦从农家瓜果登上了艺术殿堂，成为一种集拙朴自然和高雅精美于一体的传统民间艺术品，具有很高的欣赏价值和收藏价值。

葫芦雕刻艺术即艺术家用刻刀将葫芦的壳勾勒出要描绘的山水、花卉和人物。主要的雕法有阳雕、阴雕、透雕等，主要的刀法有直刀、平推刀、外侧刀、内侧刀等，施刀要做到稳（心静气和）、准（准确度高）、轻（用力恰当）、慢（行刀缓稳）、巧（刀法娴熟），只有这样才能雕刻出一件精美的葫芦艺术品。

烙画葫芦的制作过程主要分为葫芦生产、葫芦加工和葫芦工艺品。民间工艺品烙画葫芦分为大（高 35～40cm）、中（高 15～25cm）、小（高 5～12cm）三种类型。图案是被火勾灼（烫）上去的，所以仅有黑色，图案主要分为风景、人物、动物、古代神话、古代灵兽（龙、凤、麒麟、三脚乌鸦）等。

葫芦的枝蔓与万谐音，且每个成熟的葫芦里葫芦籽众多，寓意"子孙万代，繁茂吉祥"（见图 5-11）；葫芦又与福禄谐音，拥有葫芦即拥有福禄，赠送他人葫芦即赠送福禄，所以民间习俗认为葫芦象征吉祥（见图 5-12）。

2021 年 11 月，烙画葫芦入选山东省第五批省级非物质文化遗产代表性项目名录通知名单。2022 年 6 月，烙画葫芦入选天津市第五批市级非物质文化遗产代表性项目名录（传统技艺）。

图 5-11　人丁兴旺

图 5-12　福禄如意

七、干花干果贴画活动方案设计

1. 活动背景

干花干果是大自然的恩赐，它们不仅具有独特的美丽和香气，还能够被巧妙地制作成富有创意的艺术品。

通过本次活动能够帮助幼儿了解中华优秀传统文化，培养动手能力和创造力。本次活动通过让幼儿亲自参与干花干果贴画手工的制作过程，感受大自然的魅力，从而提高幼儿的审美素养和文化素养。

2. 活动目标

（1）让幼儿学会使用干花干果制作贴画。

（2）锻炼幼儿精细动作的协调能力。

（3）让幼儿认识不同的自然材料并掌握其特性。

（4）引导幼儿养成废物利用的好习惯。

3. 活动准备

（1）准备充足的干花干果（各种颜色和形状的干花，如玫瑰、菊花、薰衣草等，以及榛子、松果等）、儿童安全型白胶或热熔胶棒、画布（材质可以是纸板或布料）及剪刀、镊子、小刷子等辅助工具。

（2）安排合适的活动场地，确保有足够的空间进行创作。

（3）邀请有经验的干花干果贴画老师进行授课和现场指导。

（4）提前宣传并组织幼儿报名参加活动，确保参与人数和积极性。

4. 活动安排

（1）时间：本次活动计划为期半天，共计 4 个课时，分为讲解、实践和展示三个环节。

（2）地点：幼儿园的多功能教室或手工活动室。

（3）参与人员：幼儿、教师、家长志愿者等。

5. 活动内容

（1）设计构思：在活动开始前，老师可以引导幼儿讨论贴画的主题并设计构图，鼓励幼儿大胆想象，尝试将干花干果与自己的想法结合，创作出独特的艺术作品。

（2）材料选择：根据设计需要，挑选合适的干花干果。

（3）布局与粘贴：先在底纸上绘制出贴画的基本轮廓，然后用胶水将干花干果粘贴在指定位置。

（4）完善与装饰：根据需要对作品进行调整和修饰，可以添加更多细节，如叶子、小草等，使其更加完美。

（5）成果展示：贴画完成后，可以组织一个小型的作品展示活动，让幼儿将自己的作品展示给大家，并分享制作过程中的心得体会和创意灵感，这不仅能够增强幼儿的自信心和成就感，还能够促进幼儿之间的交流和合作。

6. 安全注意事项

（1）选择无毒、环保的胶水、胶枪和双面胶，确保幼儿在使用时不会受伤。

（2）老师应在活动过程中全程陪同，确保幼儿的安全。

（3）老师应教会幼儿正确使用剪刀等辅助工具，避免受伤。

7. 活动效果评估

可以通过以下几个方面评估活动的效果。

（1）技能评估：根据幼儿的贴画成果，评估幼儿的贴画技能和创意。

（2）创造力评估：评估幼儿在学习过程中是否有思考和表现出其他的创造性能力。

8. 活动总结

干花干果贴画活动不仅培养了幼儿的动手能力，还让他们在实践中提升了以下几个方面的能力。

（1）自然观察能力：通过接触和了解不同的干花干果，幼儿能够更加熟悉自然界中的植物。

（2）创意表达能力：本次活动鼓励幼儿发挥想象力，用自己的方式表现美和创造美。

（3）合作精神：在制作过程中，幼儿需要相互帮助，共同完成任务，培养了他们的团队合作精神。

八、思考与实践

1. 材料选择与收集

在选择干花干果时，应注重色彩、形状和纹理的多样性，可以从花店、工艺品店或自然环境中收集这些材料，确保所选材料无毒、无害，并且易于粘贴。鼓励幼儿参与收集和挑选干花干果的过程，让幼儿对材料有更深入的了解和认识。

2. 创意拓展与想象

除了基本的贴画活动，还可以进行以下创意拓展和想象。

（1）结合故事创作：让幼儿根据自己的贴画作品创作一个小故事。

（2）主题延伸：给出贴画主题，如季节主题、节日主题等，让幼儿根据主题进行创作。

（3）与其他艺术形式结合：让幼儿将干花干果贴画与其他艺术形式结合，如绘画，创作出更加丰富多彩的作品。

九、任务总结

干花干果是日常生活中常见的自然材料，收集起来比较方便。本活动通过让幼儿亲自使用干花干果设计制作贴画作品，可以培养幼儿的审美能力和艺术鉴赏力。

通过本次活动，幼儿不仅能够享受创作的乐趣，还能够在多个层面得到成长和发展，相信幼儿能够在干花干果贴画活动中收获满满的知识和乐趣！

任务二　树叶贴画

一、树叶贴画概述

1. 树叶贴画的起源

树叶贴画作为一种艺术形式，历史悠久。人们从古代就开始利用树叶、树皮等自然材料制作装饰品和艺术品。树叶贴画源于人们对自然的热爱和敬畏，是一种将自然之美转化为艺术之美的表现。

2. 树叶贴画的材料来源

树叶贴画的材料主要来源于大自然。秋季是收集树叶的最佳时期，各种形状、颜色和纹理的树叶都可以成为创作的素材。此外，树枝、树皮、松果等自然材料也可以用来丰富作品。

3. 树叶贴画在现代社会中的意义

（1）环保教育：树叶贴画鼓励使用废弃的树叶等自然材料进行创作，有助于培养幼儿的环保意识。

（2）艺术传承与创新：树叶贴画作为一种传统的手工艺品，通过不断的创新和发展，有助于传承和弘扬民族文化。

（3）心理疗愈与情绪表达：制作树叶贴画可以让人放松身心、缓解压力，同时，它也是一种表达情感和情绪的方式。

4. 如何将树叶贴画融入日常生活

（1）家居装饰：将制作好的树叶贴画作为家居装饰，既美观又环保。

（2）教育教学：在幼儿园和家庭中开展树叶贴画制作活动，培养幼儿的创造力和环保意识。

（3）礼品赠送：将亲手制作的树叶贴画作为礼物送给亲朋好友，既独特又有意义。

二、树叶贴画的基本技法

制作树叶贴画时应注意以下几点。

（1）采集到刚落下的树叶后，应将其夹在书本里压平。最好选用形状或颜色比较好的叶子，叶面要完整。

（2）树叶贴画制作完成后一定要用稍重的、平整的物体压住，让其慢慢干燥，千万不能放在日光下晒，以防卷曲，破坏画面。

三、树叶贴画的制作步骤

1. 收集树叶材料

首先，选择合适的季节（如秋季）和地点（如公园、森林等）收集形状、颜色、纹理各异的树叶，应确保树叶完整、干净，没有损坏或虫蛀。

2. 树叶的分类与挑选

将收集到的树叶进行分类，如按形状、颜色、大小等进行区分。然后，根据制作需要挑选合适的树叶。一般来说，深色树叶适合作为背景，浅色树叶适合作为主体。

3. 设计画面构图

在开始制作前，先设计一个画面构图。可以在纸上绘制一个简单的草图，确定树叶的排列、颜色和整体效果。这样可以更好地规划制作过程。

4. 树叶的处理与准备

树叶贴画需要干燥、平整的树叶。因此，应将收集到的树叶进行处理，如清洁、晾晒等。如果树叶较大或较硬，可以使用剪刀或刀片进行修剪。

5. 粘贴方法与技巧

使用白胶或透明胶将树叶粘贴在画布上。首先，在画布上涂上适量的胶水，然后将树叶按照设计的构图放置在上面。注意保持树叶的平整和稳定，避免产生气泡或褶皱。

6. 添加背景与装饰

主体树叶贴好后，可以根据需要添加背景和其他装饰元素。如使用不同颜色和形状的树叶作为背景，或者添加小花、松果等自然材料作为点缀。

7. 整体调整与完善

树叶贴画制作完成后，仔细检查画面构图、颜色和整体效果。如有需要，可以进行适当的调整和完善。例如，调整树叶的位置、添加更多的装饰元素等。

8. 作品的保存与展示

制作完成的树叶贴画需要妥善保存和展示。可以将作品放置在干燥、通风的地方，避免受潮或损坏。同时，也可以将作品悬挂在墙上或放在书桌上供人们欣赏和品味。

四、动手做树叶贴画

树叶贴画的制作过程如图 5-13 所示。

示范视频

(a) 准备好树叶贴画的材料

(b) 根据设计在底纸上贴上不同形状的树叶

(c) 把树叶剪碎贴出天鹅的形状

图 5-13　树叶贴画的制作过程

五、树叶贴画作品欣赏

如图 5-14 所示是一些常见的树叶贴画作品。

图 5-14　树叶贴画作品欣赏

六、手工文化讲堂

麦秆画大师——邓友谱

邓友谱（见图 5-15），男，汉族，湖北仙桃人，中国美术书法协会副会长、中国工艺美术大师、国际著名书画艺术家、中国麦秆画第五代传人、江汉书画院院长。他潜心研究麦秆画三十余载，独具匠心地大胆吸收贝雕、木刻、版画、剪纸、烙画等多种艺术表现形式，并且攻克了麦秆不易保存的问题，经过割、漂、刮、碾、烫、熏、雕、烙等工序，将麦秆变为了融书、画及多种艺术于一体的艺术品。邓友谱的麦秆画金色天成，层次丰富，艺术感染力强，堪称世界艺苑之奇葩。

图 5-15　麦秆画大师邓友谱

麦秆，在许多人眼中，是生产饲料的好材料，是烧火做饭的好柴火。但在湖北仙桃民间艺术大师邓友谱手中，竟成了钟灵毓秀的山水、摩肩接踵的人群、栩栩如生的花鸟鱼虫……

麦秆画又称麦草画、麦烫画、麦秸画、烧烫画，是一种历史悠久的中国传统手工艺品。可追溯至隋朝，距今已有 1400 多年的历史。

邓友谱自幼受文化家庭的熏陶，酷爱书画艺术，为立志学艺，先拜竟陵书画名家叶泽沛先生为师，学习书法、绘画，后又与豫中管城龚振洲教授（河南郑州工艺美术学院）投缘结情，被收为入室弟子。曾任教于当阳长板坡工艺厂、四川丰都国际旅行工艺社多年，1990年回仙桃开始麦秆画专题创作，首创荆楚独特的艺术风格，开鄂渝现代派麦秆画之先河，独树一帜，标新立异。其作品《渔乐图》（见图 5-16）、《国色天香》（见图 5-17）、《仙女撒花》（见图 5-18）、《红楼梦》（见图 5-19）、《闹天宫》（见图 5-20）、《竹林七贤》（见图 5-21）等作品得到人们的青睐与赞扬。其中《红楼梦》《闹天宫》《竹林七贤》等作品被中国民俗博物馆、中国香港艺术馆、美国匹兹堡艺术博物馆等单位收藏。

图 5-16　《渔乐图》

图 5-17　《国色天香》

图 5-18 《仙女撒花》

图 5-19 《红楼梦》

图 5-20 《闹天宫》

图 5-21   《竹林七贤》

　　邓友谱的麦秆画没有大红大紫的色彩，均为麦秆加工后的本色，既似泥金丝绢古画，又如淡墨素净的文人画。加上烙出变化多端的线条，更似工笔国画的表现手法，也有浮雕和镂空的效果及国画似的装裱、题款、钤印。邓友谱的麦秆画皆为精工制作，鸟的羽毛（见图5-22）、人物的服饰和头饰（见图5-23）都刻画得极为精致，例如，鸟的羽毛，就像房屋的瓦片一样，把压平的麦秆一片一片地堆砌起来，效果非常逼真，很有立体感。因此制作一幅麦秆画，需要深厚的美术基础、烫烙画技术和雕刻技术，麦秆画的高雅、富丽、宽大，更适于大厅展示，这是其他小型工艺美术品无法比拟的。

图 5-22   《梅花孔雀图》

图5-23　《古代仕女图》

七、树叶贴画活动方案设计

1. 活动背景

树叶贴画是利用自然落叶进行艺术创作，它可以让幼儿亲近自然，感受大自然的鬼斧神工，并可以培养他们的创造力和艺术鉴赏能力。通过亲自参与树叶贴画手工制作，可以让幼儿感受到大自然的魅力，也有助于幼儿了解传统文化，培养动手能力和创造力。

2. 活动目标

（1）培养幼儿的观察力和创造力，通过收集树叶激发幼儿对大自然的兴趣。
（2）增强幼儿的手眼协调能力和动手能力，通过制作树叶贴画锻炼幼儿的精细动作。
（3）促进幼儿间的交流和合作，培养幼儿的团队精神和集体荣誉感。

3. 活动准备

（1）准备充足的树叶（多种形状、颜色、纹理的树叶，确保安全无农药残留）、画布（适合幼儿操作的纸张或布料）、儿童专用胶水及剪刀、纸张、彩笔等辅助工具。
（2）安排合适的活动场地，确保有足够的创作空间。
（3）邀请有经验的树叶贴画老师进行授课和现场指导。
（4）提前宣传并组织幼儿报名参加活动，确保参与人数和积极性。

4. 活动安排

（1）时间：本次活动计划为期半天，共计4个课时，分为讲解、实践和展示三个环节。
（2）地点：幼儿园的多功能教室或手工活动室。
（3）参与人员：幼儿、教师、家长志愿者等。

5. 活动内容

（1）引入阶段：向幼儿介绍树叶贴画的概念和目的，展示一些优秀的树叶贴画作品，激发幼儿的兴趣。

（2）收集树叶：组织幼儿外出或在校园内收集树叶，引导幼儿观察不同树叶的形状、颜色和纹理。

（3）创作阶段：指导幼儿在画布上粘贴树叶，鼓励他们发挥想象，创作出具有个性的树叶贴画作品。

（4）展示交流：将幼儿的作品进行展示，让他们互相欣赏并分享创作心得。

6. 安全注意事项

（1）收集树叶时，要确保树叶无农药残留，避免幼儿接触有害物质。

（2）使用粘合剂时，要提醒幼儿注意安全，避免胶水进入眼睛或口中。

（3）活动过程中，教师要时刻关注幼儿的安全，确保他们在安全的环境中进行创作。

7. 活动效果评估

可以通过以下几个方面评估活动的效果。

（1）参与度和积极性。观察幼儿在活动中的表现和互动情况。

（2）作品质量和创作能力。观察幼儿的动手能力和创造力。

（3）反馈和意见。收集幼儿对活动的评价和建议，为今后的活动改进提供参考。

8. 活动总结

（1）活动结束后进行反思和总结，分析活动的优缺点和需要改进的地方。

（2）根据反思结果制订改进措施，为下一次活动做准备。同时，也可以将反思结果与其他教师分享，共同提高幼儿园的教学质量。

（3）教师可以从以下几个方面加强指导。

① 鼓励幼儿积极参与，充分发挥他们的想象力和创造力。

② 在创作过程中，给予幼儿适当的引导和帮助，让他们感受到成功的喜悦。

③ 注重培养幼儿的团队合作精神和集体荣誉感，鼓励他们互相学习。

八、思考与实践

本次活动的目标是通过树叶贴画让幼儿接触自然、发挥想象力，培养他们的创造力和动手能力。事实上，活动过程中的每个细节都证明了这个目标的有效性。幼儿在收集树叶的过程中能够观察和欣赏大自然的美丽；在粘贴树叶时能够发挥想象力，创作出一幅幅独特而富有童趣的作品。

在材料准备上，可以更加多样化，以满足幼儿不同的创作需求。在活动指导上，可以更加注重启发幼儿的创意，而不是过分强调作品的完美和规范性。除了技能和知识的培养，还应该注重幼儿情感和社会性的发展，应注重培养幼儿在活动过程中的团队合作能力和互助精神。

九、任务总结

此次树叶贴画活动不仅是一次艺术创作的过程，更是一次生动而富有意义的教育实践。通过一幅幅富有创意且独特的树叶贴画作品，让教师们看到了幼儿的无限潜力和可能性，也对自己的教育理念有了更深刻的认识。因此，只要教师用心引导和启发，每个幼儿都能绽放出属于自己的光彩。

任务三 贝壳手工

一、贝壳手工概述

贝壳手工不仅是一项富有创意的手工活动，还蕴含着丰富的文化内涵和历史背景。

1. 贝壳手工的起源

贝壳手工的历史可以追溯到古代文明时期。人们发现，贝壳不仅具有美丽的外观和独特的纹理，而且质地坚硬、易于加工，因此被广泛用于制作饰品、工艺品和货币等。在古代，贝壳手工技艺的传承和发展与人们的生产和生活紧密相连，反映了当时社会的审美观念和手工艺术水平。

2. 贝壳的种类与特性

贝壳的种类繁多，包括扇贝、蛤蜊、鲍鱼壳等，它们具有独特的形状、颜色和纹理，为手工创作提供了丰富的素材。在进行贝壳手工之前，了解不同贝壳的特性是很重要的，这有助于人们更好地选择和使用它们。

3. 贝壳手工的应用领域

贝壳手工的应用领域非常广泛，包括家居装饰、礼品制作、教学教具等多个方面。在家居装饰方面，可以用贝壳制作成各种摆件、挂饰等，为家居环境增添一份自然与清新的气息。在礼品制作方面，可以用贝壳制作成独特的艺术品，送给亲朋好友表达心意。在教学教具方面，贝壳可以用于幼儿园的手工课程，帮助幼儿锻炼动手能力和创造力。

4. 贝壳手工的意义与价值

贝壳手工不仅具有艺术价值，还具有一定的生态意义。利用废旧贝壳进行艺术创作可以减少对自然资源的消耗和浪费，实现资源的循环利用。同时，贝壳手工也是一种文化传承和创新的体现，它让人们在欣赏美的同时，也能感受到人类智慧与大自然的和谐共生。

5. 贝壳手工在世界文化中的地位

贝壳手工在世界各地都有着不同的表现形式和文化内涵。在亚洲，中国的贝雕工艺历史悠久，反映了中国人民的智慧；泰国的贝壳装饰品和宗教仪式用品反映了泰国人民对海洋的崇敬；菲律宾的贝壳工艺品展示了当地人民对大海的深厚情感和创造力。在欧洲，贝壳手工曾是贵族和皇室的珍爱之物，象征权力和地位。

6. 贝壳手工与环保意识的结合

在现代社会，随着人们环保意识的日益增强，贝壳手工也与环保理念相结合。许多艺术家和手工艺者开始利用废旧贝壳进行创作，将其变为具有实用价值和审美价值的艺术品。这种循环利用的方式不仅减少了对自然资源的消耗和浪费，还传递了环保和可持续发展的理念。

二、贝壳手工的基本技法

制作贝壳手工需要掌握一些基本技能，如挑选贝壳、清洁贝壳、切割贝壳、打磨贝壳等。此外，还需要学习如何将不同形状和颜色的贝壳进行巧妙的组合，以创造出富有层次感和美感的作品。具体注意事项如下所述。

（1）选择贝壳时，应注意其完整性、大小和颜色的搭配。对于幼儿来说，最好选择较大、平整、无锐利边缘的贝壳，以确保安全。

（2）清洗贝壳时，可以先用刷子轻轻刷去表面的沙粒和海藻等杂质，再用清水冲洗干净，最后将贝壳放在通风处自然晾干，确保没有水分残留。

（3）粘贴贝壳时，注意胶水不要过量，避免胶水溢出影响美观。同时，要确保贝壳粘贴平整，无气泡和翘起。

（4）在制作贝壳手工时，剪刀和胶水是常用的工具。为了确保幼儿的安全，教师需要教会他们正确使用这些工具，并时刻提醒他们注意安全。如使用剪刀时要保持正确的姿势，不要将剪刀对准自己或他人；使用胶水时要注意不要过量，避免胶水弄到眼睛里或皮肤上。

三、贝壳手工的制作步骤

贝壳手工是一项富有创意和启发性的幼儿园活动，通过运用各种形状、大小和颜色的贝壳，幼儿可以制作出各种精美的手工艺品。以下是贝壳手工的基本制作流程。

1. 选择合适的贝壳

在制作贝壳手工前，首先要选择合适的贝壳（见图5-24）。

图 5-24　收集贝壳

2. 清洁和干燥贝壳

使用贝壳前，必须将其彻底清洁和干燥。

3. 粘贴贝壳

使用白胶或热熔胶粘贴贝壳（见图 5-25）。

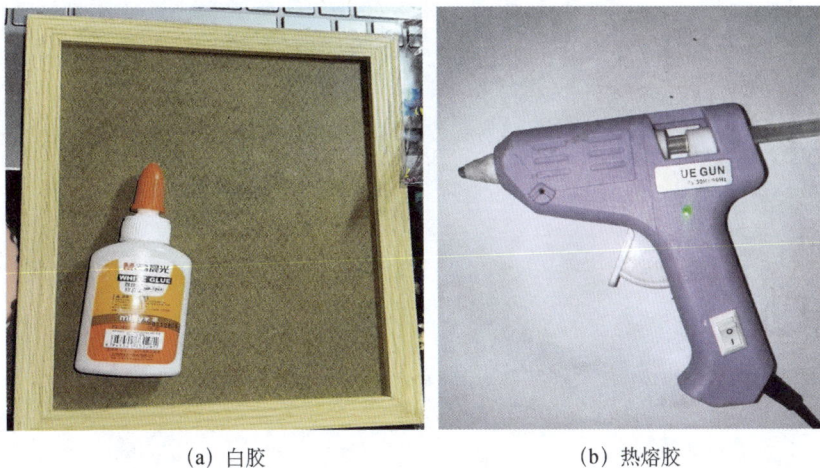

(a) 白胶　　　　　　　　　　　　　(b) 热熔胶

图 5-25　白胶和热熔胶

4. 简单图案设计

为了让贝壳手工更具创意和趣味性，可以设计一些简单的图案，这些图案可以是动物、植物或抽象图形等。幼儿可以根据自己的兴趣和创意来设计图案，并用铅笔在纸上轻轻勾勒出来。

5. 创意组合与装饰

贝壳手工的魅力在于创意，幼儿可以根据自己设计的图案将不同的贝壳进行组合。可以引导幼儿尝试不同的排列方式和组合方式，创造出独一无二的作品。同时，还可以使用其他材料，如彩纸、珠子、相框（见图 5-26）等来增添装饰效果。

图 5-26　装饰相框

6. 作品的展示与保存

贝壳手工制作完成后，需要将其进行展示和保存。可以将作品摆放在教室的展示区或带回家与家人分享。为了保持作品的完好性，建议幼儿在作品表面上喷一层保护漆或使用透明胶带进行固定。此外，还可以将作品放在干燥通风的地方保存，避免受潮和变形。

通过以上步骤，幼儿可以掌握贝壳手工的基本制作方法。在这个过程中，他们不仅可以锻炼动手能力和创造力，还可以感受到大自然的魅力和环保的重要性。

四、动手做贝壳手工

1. 贝壳立体手工摆件

贝壳立体手工摆件的制作过程如图 5-27 所示。

示范视频

（a）准备一个圆形树桩　　　（b）把矿泉水瓶剪开一半，粘到　　（c）把好看的小贝壳用胶枪固定
　　　　　　　　　　　　　　　树桩上，将麻绳均匀缠绕在水瓶上面　　　在麻绳上面

（d）把珍珠用胶枪固定在麻　　（e）完成贝壳立体手工摆件的最后造型

图 5-27　贝壳立体手工摆件的制作过程

2. 月亮装饰画

月亮装饰画的制作过程如图 5-28 所示。

五、贝壳手工作品欣赏

示范视频

如图 5-29 所示是一些贝壳手工作品。

（a）准备好装饰画用的材料　　　（b）把贝壳按照月亮的形状摆放　　　（c）将贝壳全部摆放好并粘贴

（d）用钉子围绕贝壳打孔一圈　　（e）把灯串从打孔的地方穿过，装上电池

图 5-28　月亮装饰画的制作过程

图 5-29　贝壳手工作品欣赏

六、手工文化讲堂

来自海洋的非物质文化遗产艺术——平潭贝雕

根据考古发现，距今 8000 年左右的中国沿海地区及其附近岛屿，生活着众多的原始人群，他们居住的地方后来都堆积有大量的贝丘，贝丘中有蛤蜊、鲍鱼、海螺、长蛎、玉螺等 20 余种贝类化石，还有许多贝壳上有钻孔，显然曾经作为装饰品使用。1987 年，河南濮阳西水坡发现的有关巫觋的墓葬中还发现了三组用蚌壳摆塑的动物形象。

春秋战国时期，贝壳被普遍制成项链、臂饰、腰饰、服饰等，甚至还出现了马饰、车饰。秦汉时期，冶炼技术的提高和普及为贝壳的雕琢开辟了新途径。艺人将一种较平整的贝壳磨成薄片，然后在上面雕出简单的鸟兽纹图样，镶嵌在铜器、镜子、屏风和桌椅上当作装饰，俗称"螺钿"。

宋代和元代前后，中国民间的螺钿镶嵌和贝贴等工艺已经十分流行，常见的品种有人物、动物、花卉、挂屏等陈设品（见图 5-30），以及各种文具、台灯等生活用品。

20 世纪七八十年代，贝雕艺人在继承传统工艺的基础上吸收了牙雕、玉雕、木雕和国画等众家之长，结合螺钿镶嵌工艺特点，研究成功了浮雕形式的贝雕画和多种实用工艺品，揭开了贝雕工艺史上崭新的一页，产品大量出口，畅销国内外市场。

平潭贝雕（见图 5-31）是福建福州地区特产，是利用贝壳的天然色泽、纹理、形状，经过巧妙地构思、磨雕、粘贴而成的工艺美术品，具有贝壳的自然美、雕塑的技法美和国画的格调美。

图 5-30　贝雕陈设

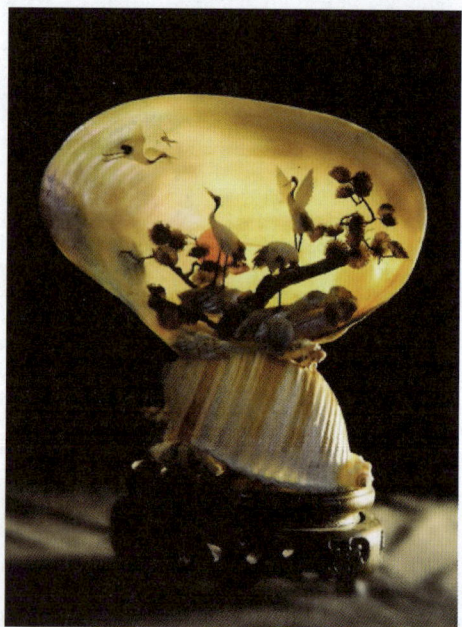

图 5-31　平潭贝雕

平潭盛产的形态各异、色彩斑斓的贝、螺、蚌、蛤等海产品是制作贝雕的优质原料，平潭贝雕艺人采用拼贴法、浮堆法、镶嵌法、镂空透雕法、坯模法、支撑法等工艺，创造了贝壳堆画、立体圆锥、嵌贝漆器、嵌贝盒子和花插等 5 大类 200 多个品种的贝雕，既有刻画人物和动物形象的,又有描绘花草和山水的,多姿多彩、惟妙惟肖。如图 5-32 所示是用拼贴法制作的贝雕,如图 5-33 所示是用浮堆法制作的贝雕,如图 5-34 所示是用镶嵌法制作的贝雕,如图 5-35 所示是用镂空透雕法制作的贝雕。

图 5-32　拼贴法

图 5-33　浮堆法

图 5-34　镶嵌法

图 5-35　镂空透雕法

　　平潭贝雕是福州十邑工艺美术领域独树一帜的艺术瑰宝，以立体、小巧、实用为主要特色。平潭贝雕的制作工序复杂，从选取材料、加酸泡洗，到锯、车、磨、抖、雕刻，直至粘贴、上彩、罩光都要精工细作才能成为一件精致的立体贝雕工艺品，充分展现了中国劳动人民巧夺天工的艺术才能。

　　贝雕的制作，关键在于因材施艺，所谓材，即天然提供的材料，依势取形，然后用堆、叠、联、粘等方法制成成品。中国民间艺人对贝壳的运用极其高妙，如将有斑痕的贝壳锯成带疤痕的树木躯干，将有螺丝旋纹的贝壳切成仕女的发髻，将江瑶贝、银壳贝制作成树叶，将红色的海螺、鸡心螺制作成枫叶，将紫色的贝内层制作成葡萄，将纹理分明的江贝制作成衣裙等。如图5-36所示是一幅精美的贝雕画，装裱后，灿烂华美，天然的贝雕画能永不褪色。

图 5-36　贝雕画

七、贝壳手工活动方案设计

1. 活动背景

　　贝壳，作为一种自然、美丽且独特的材料，非常适合幼儿进行手工创作。本次活动旨在通过让幼儿使用贝壳进行手工制作，激发他们的创造力和想象力，培养他们对自然美的感知和尊重，同时加强他们的动手能力、团队合作精神及环保意识。

2. 活动目标

（1）培养幼儿的观察力和创造力，通过收集贝壳激发幼儿对大自然的兴趣。

（2）通过制作贝壳手工锻炼幼儿的精细动作，增强幼儿的手眼协调能力和动手能力。

（3）促进幼儿之间的交流和合作，培养团队精神和集体荣誉感。

3. 活动准备

（1）在活动开始之前，需要准备充足的贝壳材料。选择贝壳时，要确保其大小适中、形状各异、颜色丰富，以激发幼儿的兴趣。同时，还要准备白胶、剪刀、彩纸、线等辅助材料，以便在制作过程中进行装饰和固定。

（2）安排合适的活动场地，确保有足够的空间进行创作。

（3）邀请有经验的贝壳手工老师进行授课和现场指导。

（4）提前宣传并组织幼儿报名参加活动，确保参与人数和积极性。

4. 活动安排

（1）时间：本次活动计划为期半天，共计 4 个课时，分为讲解、实践和展示三个环节。

（2）地点：幼儿园多功能教室或手工活动室。

（3）参与人员：幼儿、教师、家长志愿者等。

5. 活动内容

（1）挑选合适的贝壳，清洗并晾干。

（2）使用胶水将贝壳粘贴在纸张或卡纸上，形成基础结构。

（3）根据设计，使用剪刀剪裁彩纸或其他材料进行装饰。

（4）用线或其他材料对作品进行进一步的固定和装饰。

（5）检查作品是否牢固、美观。

（6）将幼儿的作品进行展示，让他们互相欣赏并分享创作心得。

6. 安全注意事项

（1）不要将贝壳放入口中或鼻子中，避免刮伤和过敏。

（2）正确使用剪刀、胶水等工具，确保活动过程中的安全。

（3）活动过程中，教师要时刻关注幼儿的安全，确保他们在安全的环境中进行创作。

7. 活动效果评估

可以通过以下几个方面评估活动的效果。

（1）参与度和积极性。观察幼儿在活动中的表现和互动情况。

（2）作品质量和创作能力。观察幼儿的动手能力和创造力。

（3）反馈和意见。收集幼儿对活动的评价和建议，为今后的活动改进提供参考。

8. 活动总结

活动结束后，对整个活动进行总结和反思。分析活动的成功之处和不足之处，提出改进措施和建议。同时，也要关注幼儿在活动中的表现和成长，为今后的活动提供参考和借鉴。通过不断的总结和反思，提高贝壳手工活动的质量和效果，为幼儿创造更加丰富多彩的手工体验。

八、思考与实践

1. 贝壳的选择标准

在贝壳手工活动中，选择合适的贝壳是至关重要的。贝壳的选择应遵循几个标准：首先，贝壳的大小、形状和颜色应该适合幼儿的手部操作能力和审美需求；其次，贝壳应该是完整、干净、无异味、无尖锐边缘的，以确保幼儿在操作过程中的安全；最后，贝壳的种类应具有多样性，以激发幼儿的探索欲望和创造力。

2. 合作与分享精神

在贝壳手工活动中，合作与分享精神的培养同样重要。教师可以通过分组合作的方式，让幼儿在共同完成任务的过程中学会相互协作、相互支持。同时，教师还可以组织作品展示和评价环节，让幼儿有机会展示自己的作品并分享创作经验，从而培养他们的自信心和表达能力。

3. 环境与资源利用

在进行贝壳手工活动时，教师应充分利用现有的环境和资源，可以利用教室内的桌椅、展示板等设施为幼儿创造一个舒适、有序的创作环境。同时，教师还可以引导幼儿关注身边的自然环境，发现更多可用于手工制作的材料和资源。

4. 课后反思与总结

在活动结束后，教师应进行课后反思与总结，可以回顾整个活动过程中的优点和不足，以便更好地优化未来的教学方案。同时，教师还可以收集幼儿的反馈意见，以便更好地满足他们的学习需求和兴趣点。通过不断的反思与总结，教师还可以不断提高教学质量，为幼儿的全面发展提供更好的支持和帮助。

九、任务总结

贝壳手工活动不仅是一项富有创意的手工制作活动，更是一种文化传承和创新的体现。通过本次贝壳手工活动，可以让幼儿对贝壳手工有更深入的了解和认识，并且能够更加珍惜和尊重传统文化，创作出更多具有独特魅力和文化内涵的贝壳手工艺术品。

实践是检验真理的唯一标准。通过此次活动，我们更加坚信，只有在实践中不断探索和改进，才能真正实现教育的目标。未来，我们将继续带着这种实践精神，为幼儿创造更多有趣、有益的活动，让他们在快乐中成长，收获更多的知识和技能。

项目六　废旧材料手工

知识目标

1. 通过废旧材料手工活动，使幼儿了解资源的有限性，认识到废旧物品再利用的重要性，从而培养他们的环保意识和节约资源的观念。

2. 教导幼儿对废旧材料进行初步的分类和识别，如纸张、塑料、布料等，使他们了解不同材料的性质和用途。

技能目标

1. 通过废旧材料手工活动，锻炼幼儿的动手能力，提高他们的手眼协调性和精细动作技能。

2. 鼓励幼儿运用想象力和创造力，将废旧材料转化为有趣的手工制品，如纸飞机、布娃娃等，培养他们的创新思维。

素质目标

1. 通过废旧材料手工活动，培养幼儿的团队合作意识和协作能力，使他们学会与他人共同完成任务。

2. 引导幼儿珍惜自己的劳动成果，认识到废旧材料的价值，不应该随意丢弃。

3. 结合中国传统文化，教授幼儿制作一些具有民族特色的手工艺品，如剪纸、中国结等，既传承文化，又鼓励创新。

4. 组织幼儿将自己的手工制品送给家长或其他小朋友，让他们学会感恩和分享，培养他们的感恩之心和社交能力。

任务一　纸类手工

一、纸类手工概述

随着社会的快速发展和人们生活水平的提高，废旧材料逐渐成为了一个日益严峻的问题。然而，如果我们能够转变视角，从废物中发掘出价值，不仅可以减少环境污染，还可以创造出美丽且实用的手工艺品。纸类手工便是这样一项充满创意和环保理念的活动。

1. 什么是纸类手工

纸类手工，指的是利用废弃物品，如废旧的纸张、纸板、纸杯等，通过手工制作的方式，创作出具有艺术性和实用性的手工艺品。

在废旧材料手工中，纸类手工占据了重要的地位。纸张作为日常生活中常见的物品，用过之后往往被当作垃圾处理。然而，通过巧妙的构思和精心的制作，废旧的纸张可以变成精美的纸艺作品，如纸花、纸篮、纸玩偶等。这些作品不仅具有观赏价值，还可以作为装饰品或礼物赠送给亲朋好友，传递环保和节约的美好理念。

2. 纸类手工的意义

纸类手工不仅具有环保和节约的意义，还能够激发人们的创造力和想象力。在制作的过程中，我们可以根据废旧纸张的形状、大小和颜色等特点进行自由组合，创作出独一无二的艺术品。同时，纸类手工也能够给人们带来放松和愉悦的心情，缓解生活和工作的压力。

3. 传统纸艺的传承

我们应该学习和了解传统纸艺的历史渊源和文化内涵，并将其融入现代纸艺的创作中，从而实现传统文化的传承和创新。此外，我们还可以让更多的人了解和喜爱传统纸艺，为传统文化的传承和发展贡献力量。

4. 传统纸艺的创新应用

将传统纸艺与其他艺术形式相结合，如与绘画、雕塑等艺术门类融合，可以创造出更多具有创新性和独特性的作品。同时，也可以探索传统纸艺在日常生活用品和装饰物中的应用，让传统纸艺更加贴近人们的实际生活。

二、纸类手工的基本技法

1. 撕纸

对于年龄较小的幼儿，撕纸是一个很好的学习纸类手工的起点。通过撕纸，可以锻炼幼儿的手部肌肉，培养幼儿的手眼协调能力。教师可以提供不同质地和颜色的纸张，让幼儿自由探索撕纸的乐趣。

2. 剪纸

随着年龄的增长，教师可以教授幼儿使用剪刀进行剪纸。初期可以使用安全剪刀，教授基本的直线和曲线剪法，后续可以逐渐提高难度，教授更复杂的图案和形状。

3. 折纸

折纸是纸类手工中的一项基本技能。教师可以教授幼儿基本的对折、内折、外翻等技巧，并可以通过折纸游戏激发幼儿对折纸的兴趣。

4. 粘贴

粘贴是将不同纸张组合在一起的关键步骤。教师可以教授幼儿使用胶水或双面胶进行粘贴，并教授他们如何将纸张粘贴得平整、牢固。

三、纸类手工的操作步骤

1. 材料收集

纸类手工的首要任务是废物利用。在日常生活中，我们应积极倡导废弃纸类的分类存放，如报纸、旧书、广告纸等，以便后续的再利用。因此在进行纸类手工前，需要收集不同的废纸，并且在收集的过程中注意纸类的干燥与清洁，避免潮湿和污染。

2. 材料分类

收集到的纸张需要进行分类，如按颜色、材质、大小等进行分类，以便后续制作时能够更加方便和高效。

3. 创意手工设计

创意手工设计是废弃纸类再利用的关键环节。在设计过程中，需要充分发挥想象力，以环保、简约、美观为原则，结合废弃纸类的特点和质地，设计出既实用又具有艺术性的手工作品。同时，也要注重设计的多样性和个性化，满足不同人群的需求和喜好。

4. 展开制作

根据收集的材料，结合设计构思，灵活利用撕、剪、折、粘等技法制作手工作品。

四、动手做纸类手工

1. 小狗

手工小狗的制作过程如图 6-1 所示。

示范视频

（a）准备一个长方形纸箱剪去多余部分　　（b）用笔画出四个长方形　　（c）沿线剪掉多余部分，做纸箱小狗的四条腿

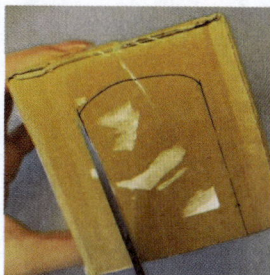

(d) 另取一块纸板画出小狗的
脑袋和尾巴

(e) 用剪刀沿线剪下小狗的
脑袋和尾巴

(f) 将脑袋和身子粘贴组合

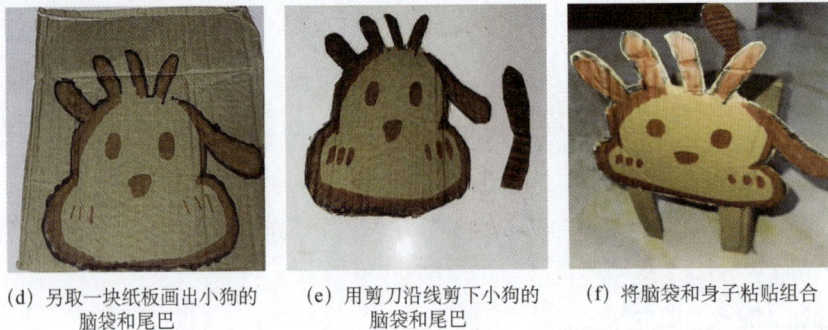

图 6-1　手工小狗的制作过程

2. 小金鱼

手工小金鱼的制作过程如图 6-2 所示。

示范视频

(a) 准备一个红色的一次性纸杯

(b) 用红色彩纸剪出金鱼的
尾巴和鱼鳍剪两个圆形
卡片并画出金鱼眼睛

(c) 用金色给尾巴和鱼鳍勾边，
并用双面胶粘在红色纸杯上

图 6-2　手工小金鱼的制作过程

3. 手表

手工手表的制作过程如图 6-3 所示。

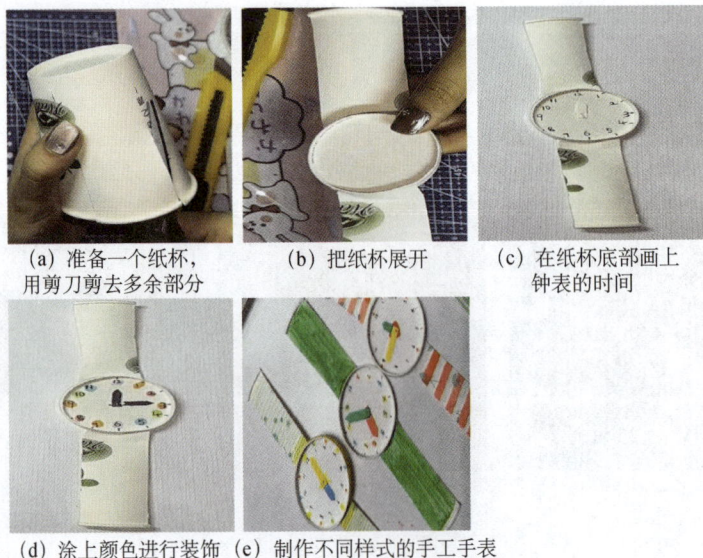

示范视频

(a) 准备一个纸杯，
用剪刀剪去多余部分

(b) 把纸杯展开

(c) 在纸杯底部画上
钟表的时间

(d) 涂上颜色进行装饰　(e) 制作不同样式的手工手表

图 6-3　手工手表的制作过程

五、纸类手工作品欣赏

如图 6-4 所示是一些纸类手工作品。

图 6-4　纸类手工作品欣赏

六、手工文化讲堂

非物质文化遗产纸贴画传承人——刘书琴

纸贴画是中国民间剪纸的延续和发展，是利用各种废弃挂历或画报等，通过剪刀、胶水等工具组合、拼贴制成的手工作品，主要题材为花卉、人物、风景、动物等，具有工艺性、绘画性、装饰性的艺术表现和三维立体的效果，给人一种朴实、自然、色彩丰富、独具一格的艺术魅力。

纸贴画和剪纸都属于纸艺术，但两者有着明显的区别。纸贴画的一个特点是使用多色纸（带有各种颜色、明暗、肌理的纸，如挂历、画报等），而剪纸用的是单色纸。纸贴画的另一个特点是，将剪纸的二维空间通过光影透视变成纸贴画的三维立体空间。

纸贴画的非物质文化遗产传承人刘书琴自幼和姥姥李常氏（常亲芳）、母亲李玉范学习剪纸和纸贴画，多年来致力于纸贴画的研究和制作，从未间断，如图 6-5～图 6-8 所示均为刘书琴的经典作品，其作品在《海内外中国书画名人集》《永载中华》《艺术当代》《中国民间艺术》《中国民间艺术名家指南》《艺术于收藏》等书中均有刊登。

图 6-5　刘书琴作品 1

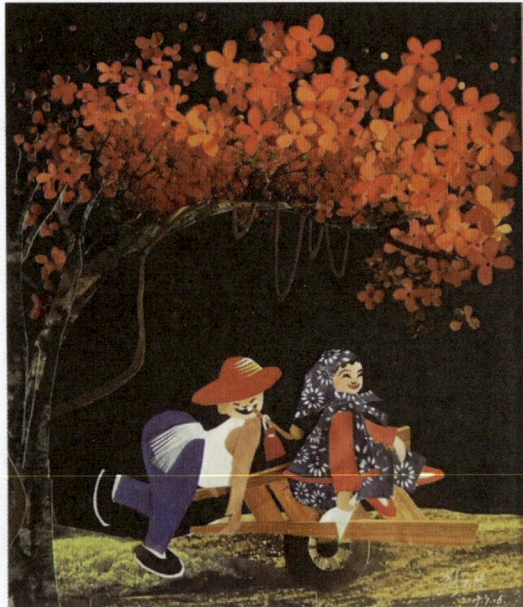

图 6-6　刘书琴作品 2

图 6-7　刘书琴作品 3

图 6-8　刘书琴作品 4

七、纸类手工活动方案设计

1. 活动背景

　　废纸往往被视为无用的物品，但实际上，可以将它们变废为宝，成为充满无限可能的手工材料。对于幼儿园的幼儿来说，利用废弃纸张进行手工创作，不仅能够培养他们的环保意识，还能够激发他们的创造力和想象力。因此，本次课外拓展活动将带领他们走进纸类手工的世界，感受其中的魅力。

2. 活动目标

（1）培养幼儿的环保意识，学会珍惜资源、变废为宝。

（2）通过动手实践，提高幼儿的动手能力和创新思维。

（3）增进幼儿之间的交流和合作，培养团队合作精神。

3. 活动准备

（1）在活动开始之前，需要准备充足的废弃纸张。同时，还要准备白胶、剪刀等辅助材料。

（2）安排合适的活动场地，确保有足够的创作空间。

（3）邀请有经验的纸类手工老师进行授课和现场指导。

（4）提前宣传并组织幼儿报名参加活动，确保参与人数和积极性。

4. 活动安排

（1）时间：本次活动计划为期半天，共计 4 个课时，分为讲解、实践和展示三个环节。

（2）地点：幼儿园多功能教室或手工活动室。

（3）参与人员：幼儿、教师、家长志愿者等。

5. 活动内容

（1）活动开始时，教师向幼儿介绍环保的重要性，以及废弃纸张如何变废为宝。通过故事、图片等形式，让幼儿认识到珍惜资源、减少浪费的重要性。

（2）教师准备一些废弃的纸张，引导幼儿发挥想象力，制作出各种有趣的手工作品。可以制作纸艺动物、纸花、纸盒、纸偶人等，让幼儿在动手实践中感受创作的乐趣。

（3）作品完成后，幼儿可以互相展示自己的作品。教师可以组织一个小型的手工作品展览，让幼儿欣赏彼此的作品，并进行交流和评价。这不仅能够增进幼儿之间的友谊，还能够培养他们的审美能力和批判性思维。

（4）在活动结束时，教师可以向幼儿发出倡议，鼓励他们在日常生活中积极参与环保行动，如垃圾分类、减少纸张浪费等。通过实际行动，让幼儿将环保意识内化于心、外化于行。

6. 安全注意事项

（1）正确使用剪刀、胶水等工具，确保活动过程中的安全。

（2）在活动过程中，教师要时刻关注幼儿的安全，确保他们在安全的环境中进行创作。

7. 活动效果评估

可以通过以下几个方面评估活动的效果。

（1）参与度和积极性。观察幼儿在活动中的表现和互动情况。

（2）作品质量和创作能力。观察幼儿的动手能力和创造力。

（3）反馈和意见。收集幼儿对活动的评价和建议，为今后的活动改进提供参考。

8. 活动总结

本次课外拓展活动不仅能够帮助幼儿提高动手能力和创新思维，还能够培养他们的环保意识和团队合作精神。通过利用废弃纸张进行手工创作，幼儿能够深刻体会到变废为宝的乐趣和价值，从而更加珍惜资源、爱护环境。同时，通过分享和交流，幼儿还能够相互学习、相互启发，共同成长和进步。

八、思考与实践

1. 收获与反思

经过本次纸类手工活动，幼儿深切体会到了手工制作的魅力与乐趣。在活动中，幼儿不仅学会了如何利用废弃纸张进行创作，还深刻认识到了环保的重要性。

2. 手工技巧的提升

在本次纸类手工活动中，幼儿通过不断的尝试和实践，手工技巧得到了很大的提升，不仅学会了如何剪裁、折叠、粘贴等基本技能，还掌握了如何将废弃纸张制作成各种有趣的作品。

3. 环保意识的培养

通过本次纸类手工活动，让幼儿深刻认识到了环保的重要性，学会了如何将废弃纸张进行分类、回收和再利用，避免了资源的浪费和环境的污染。同时，幼儿也意识到自己在日常生活中应该更加注重环保，从小事做起，为保护环境贡献自己的一份力量。

九、任务总结

通过本次纸类手工活动的学习和实践，幼儿不仅收获了很多知识和技能，也深刻认识到了环保和文化传承的重要性。教师应鼓励幼儿将这些收获应用到日常生活中，不断学习和进步。

任务二　瓶罐类手工

一、瓶罐类手工概述

瓶罐类手工是一种非常适合幼儿的手工活动，通过创意改造废弃的瓶子和罐子可以激发幼儿的创造力和想象力。

1. 瓶罐类艺术品的起源

瓶罐作为手工艺术的载体，具有悠久的历史。从古代的陶器、瓷器，到现代的玻璃、塑料瓶罐，它们不仅仅是日常生活中使用的容器，更是文化和艺术的结晶。瓶罐的制作历史悠久，其技艺传承至今，仍受到广大手工艺人的喜爱和追捧。

2. 设计灵感来源

设计灵感是瓶罐手工制作的灵魂。艺术家们可以从自然、历史、文化、艺术等多个领域汲取灵感，创作出别具一格的作品。如自然界中的花草树木和动物、历史文物和艺术品、富有文化内涵的图案和符号等，都可以成为设计师们灵感的源泉。

3. 文化内涵解读

瓶罐类手工不仅是一种艺术形式，更是一种文化的传承和表达。在作品中融入文化元素，不仅可以增加作品的艺术价值，还可以让人们更好地了解和传承文化。例如，在作品中使用传统图案和符号，可以传递出对传统文化的尊重和热爱。

4. 环保利用价值

利用废弃的瓶罐进行手工制作不仅具有艺术价值，更具有环保意义。通过将这些废弃的瓶罐制作成艺术品或实用品，可以减少资源的浪费和环境的污染。同时，这种环保利用方式也可以引导人们更加注重资源的节约和环境的保护，推动社会的可持续发展。

二、瓶罐类手工的基本技法

1. 确保材料的安全和环保

在进行瓶罐类手工之前，需要确保所使用的材料和工具都是安全和环保的，不会对环境和人体造成危害，同时也要注意节约资源和减少浪费。可以将制作好的作品用于家居装饰、礼品赠送等，让废弃瓶罐焕发新生。

2. 了解制作材料和技巧

在进行瓶罐类手工之前，需要了解制作材料和一些基本的制作技巧。首先，收集各种形状和大小的废弃瓶子和罐子，如玻璃瓶、塑料瓶、金属罐等。然后，根据需要选择合适的工具和装饰材料，如剪刀、胶水、彩纸、布料、珠子等。

此外，瓶罐类手工还可以结合其他手工技艺，如编织、绘画等，制作出更加精美的作品。例如，可以将废弃的瓶子制作成挂饰或摆件，通过添加珠子、彩带等元素，增加作品的层次感和美观度。同时，需要根据幼儿的年龄和能力选择合适的项目和难度。

三、瓶罐类手工的制作步骤

废弃的瓶罐不仅可以再利用，还能成为创意手工的绝佳材料。通过使用废弃的瓶罐进行简单且富有创意的手工制作，不仅能够锻炼幼儿的动手能力，还能够培养他们的环保意识与创造力，具体的制作步骤如下所述。

1. 收集与清洗瓶罐

（1）鼓励幼儿从家中收集废弃的瓶罐，如塑料瓶、易拉罐等。

（2）教授幼儿如何正确清洗瓶罐，去除瓶罐内部的残留物与外部的污垢。

2. 瓶罐的切割与塑形

（1）使用安全的切割工具，如剪刀、裁纸刀等，在成人的监护下进行瓶罐的切割。

（2）根据制作需求，对瓶罐进行初步塑形，如压扁、弯曲等。

3. 色彩装饰

（1）提供各种颜料或彩纸，让幼儿为瓶罐上色或贴上彩纸。

（2）鼓励幼儿尝试不同的色彩组合，培养他们的色彩搭配能力。

4. 粘贴与拼接

（1）使用胶水、双面胶等工具，指导幼儿将不同形状的瓶罐粘贴在一起。
（2）通过粘贴与拼接，让幼儿学会如何将不同形状的瓶罐组合成一个整体。

5. 装饰物添加

（1）鼓励幼儿使用珠子、丝带、绒线等装饰物，进一步美化作品。
（2）鼓励幼儿尝试不同的装饰方法，提升作品的观赏价值。

四、动手做瓶罐类手工

盆景的制作过程如图 6-9 所示。

（a）准备一个废弃的透明瓶子，用绿色粘土填满瓶盖　（b）在粘土上面插上一些小树棍　（c）准备一些粉色的黏土搓成大小相同的圆，组合成花瓣粘在树棍上　（d）在瓶子里面放一个灯串，然后拧上瓶盖

图 6-9　盆景的制作过程

五、瓶罐类手工作品欣赏

如图 6-10 所示是一些瓶罐类手工作品。

示范视频

图 6-10　瓶罐类手工作品欣赏

六、手工文化讲堂

壶里乾坤大——非物质文化遗产内画鼻烟壶

内画鼻烟壶是中国特有的传统工艺品种，是中国传统民间艺术殿堂中的一颗璀璨明珠。内画鼻烟壶最早出现于清朝嘉庆年间，发祥于京城，为当时王公贵族、达官贵人所拥有。清末民初时期"京城四大内画名家"之一的叶仲三，被称为现代"京""冀"两派内画鼻烟壶的创始人。中华人民共和国成立后，北京成立工艺美术研究所，内画鼻烟壶工艺有了明确的师承关系。目前国内主要有京派、冀派、鲁派、粤派四大流派。

1. 京派

当今内画鼻烟壶四派均起源于北京，其中京派的历史最为久远。北京是中国明清王朝的皇都，也是内画鼻烟壶的发祥地，百业兴旺、人才咸集，经济文化的发达，孕育出内画鼻烟壶艺术有着必然性，内画鼻烟壶的画工们汲取京都深厚的文化底蕴，逐渐形成了诗书画印并茂的京派艺术风格。京派内画鼻烟壶以叶仲三、周乐元、马少宣、丁二仲为代表。叶派内画鼻烟壶创始人叶仲三大师生于光绪元年 1875 年，卒于 1945 年，堂号"杏林堂叶"。他与内画鼻烟壶高手周乐园、马少宣、丁二仲被称为"京城四大内画名家"。如图 6-11～图 6-14 分别是他们的作品。

叶仲三作品的来源主要是晚清和民国初年流行的一些画册，如《古今名人画谱》《飞影阁》等。人物题材的作品主要取自《三国志》《水浒传》《红楼梦》等书中的插图，色彩鲜艳且有情节。他的作品题材广泛，如花鸟、山水、人物、草虫、博古等。他画的聊斋故事活灵活现，红楼人物栩栩如生，被称为"内画人物一绝"。

叶仲三离世后，他的长子蒉祯、次子蒉禧、三子蒉祺，以及叶蒉祺之女叶澍英，继承并发展了叶派内画鼻烟壶艺术。叶澍英大师是当今叶派内画鼻烟壶唯一一位嫡传人。

图 6-11　叶仲三内画鼻烟壶

图 6-12　周乐元内画鼻烟壶

图 6-13　马少宣内画鼻烟壶

图 6-14　丁二仲内画鼻烟壶

叶澍英早期作品以人物与荷塘金鱼为主，后来的题材便以花鸟为主。在她近 40 年的艺术生涯中，曾传授众多外姓弟子，冀派创始人王习三就出自叶派门下，可见她为内画鼻烟壶事业的发扬光大做出了极为卓越的贡献。如图 6-15 和图 6-16 均为叶澍英的作品。

图 6-15　叶澍英山水内画鼻烟壶

图 6-16　叶澍英花鸟内画鼻烟壶

2. 冀派

冀派的开山鼻祖为王习三先生。冀派是当代形成的内画鼻烟壶流派，虽然形成的时间较晚，但却是从业人员是最多的。冀派内画鼻烟壶的艺术特点是精羢细染、造型准确、风格典雅，结合国画色和油画色的表现手法摹拟多个画种的画面效果，尤其是在肖像题材的创作上非常突出。如图 6-17 和图 6-18 均为王习三的内化鼻烟壶作品。

图 6-17 王习三山水内画鼻烟壶

图 6-18 王习三花鸟内画鼻烟壶

3. 鲁派

鲁派内画鼻烟壶的云集地在山东博山，清朝光绪十六年，随着内画鼻烟壶艺术大师毕荣九从北京回到博山，鲁派内画鼻烟壶发展起来。鲁派最有特色的是能够利用瓷器上的釉彩在鼻烟壶的内壁上作画，然后烘烧形成内画鼻烟壶的瓷釉画，即使盛水画面也不会受损。鲁派内画鼻烟壶的代表人物是毕荣九，如图 6-19 所示是其内画鼻烟壶作品。

4. 粤派

粤派内画鼻烟壶以艳丽的色彩和装饰风格著称于世，是一个年轻的派系，代表人物为吴松龄，如图 6-20 所示是吴松龄的内画鼻烟壶作品。

图 6-19 毕荣九内画鼻烟壶

图 6-20 吴松龄内画鼻烟壶

七、瓶罐类手工活动方案设计

1. 活动背景

日常生活中的瓶子和罐子使用过后往往被视为无用的物品，但实际上，可以将它们变废为宝。对于幼儿园的孩子们来说，利用废弃的瓶罐进行手工创作，不仅能够培养他们的环保意识，还能够激发他们的创造力和想象力。因此，本次瓶罐类手工活动将带领他们走进废弃瓶罐的世界，感受其中的魅力。

2. 活动目标

（1）培养幼儿的环保意识，学会珍惜资源、变废为宝。
（2）通过动手实践，锻炼幼儿的动手能力和创新思维。
（3）增进幼儿之间的交流和合作，培养团队合作精神。

3. 活动准备

（1）在活动开始之前，需要收集各种形状和大小的废弃瓶罐。同时，还需剪刀、胶水、彩纸、彩笔、珠子、毛线等辅助材料，并为每个幼儿准备围裙和手套，确保创作过程中的安全与卫生。
（2）安排合适的活动场地，确保有足够的创作空间。
（3）邀请有经验的瓶罐类手工老师进行授课和现场指导。
（4）提前宣传并组织幼儿报名参加活动，确保参与人数和积极性。

4. 活动安排

（1）时间：本次活动计划为期半天，共计 4 个课时，分为讲解、实践和展示三个环节。
（2）地点：幼儿园多功能教室或手工活动室。
（3）参与人员：幼儿、教师、家长志愿者等。

5. 活动内容

（1）导入环节：教师向幼儿介绍活动主题，展示一些瓶罐类手工制品的范例，激发幼儿的兴趣。
（2）讲解与示范：教师详细讲解如何利用瓶罐进行手工创作，介绍基本步骤和制作技巧。
（3）创作环节：幼儿根据自己的喜好和想象，利用收集到的瓶罐和手工工具进行创作；教师可以巡回指导，帮助幼儿解决问题，鼓励幼儿大胆尝试和创新。
（4）作品整理：幼儿完成作品后，将作品进行整理，为展示环节做好准备。
（5）作品展示：设立作品展示区，将幼儿的作品进行展示，让其他幼儿欣赏和评价。
（6）交流和沟通：鼓励幼儿分享自己的创作经验和心得，增进彼此的了解与友谊。

6. 安全注意事项

（1）活动前，教师向幼儿强调安全事项，如正确使用工具、不乱扔废弃物等。
（2）在创作过程中，教师应密切关注幼儿的安全，确保他们不会受伤。
（3）活动结束后，教师应组织幼儿清理现场，确保环境整洁。

7. 活动效果评估

可以通过以下几个方面评估活动的效果。

（1）参与度和积极性。观察幼儿在活动中的表现和互动情况。

（2）作品质量和创作能力。观察幼儿的动手能力和创造力。

（3）反馈和意见。收集幼儿对活动的评价和建议，为今后的活动改进提供参考。

8. 活动总结

（1）活动结束后，教师应组织幼儿进行总结，回顾整个活动过程和取得的成果，肯定幼儿的努力和创意。

（2）教师还应对活动进行反思，总结经验教训，更好地改进和优化未来的手工活动方案。也可以将优秀作品拍照录像，作为成果展示和家园共育的素材。

（3）通过本次活动，幼儿不仅能够在实践中培养环保意识、动手能力和创新思维，还能够通过作品展示和交流增进彼此的了解与友谊。同时，教师也能够在活动中不断总结经验，提升教学质量和效果。

八、思考与实践

1. 活动目标达成度

本次瓶罐类手工活动旨在激发幼儿的创意思维和动手能力，通过实际操作幼儿能够熟悉瓶罐材料的特性，学会简单的手工制作技巧。活动结束后，从幼儿的作品中可以看出大多数幼儿能够按照教师的指导进行操作，达到了活动的基本目标。

2. 幼儿创意表现分析

在本次活动中，幼儿展现出了丰富的创意。他们不仅能够按照教师的示范进行手工制作，还在作品中加入了自己的创意元素，如色彩搭配、图案装饰等。这种创意的展现，不仅提高了作品的观赏性，也反映了幼儿对于美的独特理解。

3. 材料选择与安全性

本次活动所选用的瓶罐的材料均为环保无毒、易于操作的材质，确保了幼儿的安全。同时，教师在活动前对材料进行了严格的检查和处理，确保无尖锐边角和易脱落的小部件，大大降低了活动中可能出现的安全隐患。

4. 教师指导与互动

教师在活动中扮演了重要的指导者和互动伙伴的角色。他们不仅详细讲解了制作步骤，还亲自示范操作，使幼儿能够更直观地理解制作过程。同时，教师还鼓励幼儿大胆尝试、自由发挥，积极与幼儿互动，营造出了轻松愉快的学习氛围。

5. 时间管理与流程优化

本次活动在时间管理和流程优化方面做得较好。教师合理安排了每个环节的时间，确保幼儿有足够的时间进行操作和互动。同时，活动的流程也设计得十分清晰，从材料准备到作品展示，每个步骤都井然有序，提高了活动的效率。

6. 参与度与兴趣点

本次活动幼儿的参与度非常高。他们被瓶罐材料的多样性和可变性吸引，对制作过程充满了兴趣和好奇心。在活动中，幼儿们积极动手、认真操作，表现出了极高的热情和投入度。

7. 作品展示与交流

作品展示是本次活动的一大亮点。教师为幼儿们提供了一个展示自己作品的平台，鼓励他们与同伴交流分享。通过展示与交流，不仅增强了幼儿的自信心和表达能力，还促进了他们之间的相互学习和成长。

8. 创意启发与引导

教师可以通过播放视频、展示图片等方式激发幼儿的创意灵感。在创作过程中，教师可以与幼儿进行互动交流，鼓励他们尝试不同的材料和组合方式，创造出更具个性的作品。

九、任务总结

瓶罐类手工是一种有趣且实用的手工活动，通过创意改造和装饰，将废弃的瓶子和罐子变成实用且具有观赏性的物品，既环保又美观。通过尝试不同的制作技巧，可以激发幼儿的创造力和想象力。

瓶罐类手工活动旨在让幼儿了解瓶罐类工艺的历史、材料选择、设计灵感、制作流程等方面的知识，同时探讨其文化内涵、应用领域和环保价值。通过参与这样的实践活动，不仅可以提升幼儿的艺术修养和动手能力，也可以推广环保理念和传承传统文化。

参考文献

［1］本丛书编写组. 爸妈教我玩手工[M]. 北京：世界图书出版公司，2023.

［2］北京小红花图书工作室. 小红花动脑贴贴画[M]. 北京：海豚出版社，2022.

［3］余非鱼. 宝宝彩泥手工大全[M]. 杭州：浙江工商大学出版社，2015.

［4］康东星. 儿童剪纸大全[M]. 北京：世界图书出版公司，2021.

［5］裴春艳. 立体手工[M]. 郑州：河南美术出版社，2016.